JN096699

認知症
介護の悩み
引き出し52

「家族の会」の
"つどい"は知恵の宝庫

公益社団法人
認知症の人と家族の会 編

クリエイツかもがわ
CREATES KAMOGAWA

共感つらぬく"つどい" これからも

　本書は、認知症の人と家族の会（以下、「家族の会」）の取り組みの原点であり一番大事にしている"つどい"をより多くの方に知っていただくことを目的に、「家族の会」40周年記念事業として企画しました。その後、新型コロナウイルス感染症の蔓延という予想だにしなかった事態のなかで編集を進めることになりました。

　新型コロナウイルス感染拡大に伴い、"つどい"の開催が2020年1月末より困難となり、4月からはほとんどの支部で中止しました。各支部は会員のみなさまに電話やはがき・手紙などで、新型コロナウイルス感染症の影響や近況などを尋ねたり、困っていることに対応したりしてきました。

　しかし、「感染状況が好転したら一刻も早い再開を」と望む声が、電話相談や支部の事務所には届いていました。「やっぱり、電話より会って、顔を見て表情や身振り、雰囲気を感じながらの"つどい"に勝るものはないね」との声が、支部世話人から異口同音に聞かれました。

　"つどい"は認知症の人同士、家族同士が「ともに励ましあい、助けあう」本人・家族中心の取り組みで、今日ではピアサポート活動(*)としても注目されています。1980年結成の当初から今日まで、脈々と引き継がれている"つどい"とともに「会報」「電話相談」を三本柱の活動と位置づけ、全国47都道府県の支部で取り組んでいます。

　"つどい"は毎年全国で年間約4,000回、参加者はのべ5万人、毎日全国10か所で開催されている計算になります。結成当時は介護家族が中心でしたが、現在は本人・若年の人とその家族、男性介護者、シングル介護者、看取り終えた介護者の"つどい"まで幅広い"つどい"を開催しています。

　本書『認知症介護の悩み　引き出し52』は全国各地の支部で開催し

ている "つどい" の模様をフィクションで紹介しています。

　サブタイトルになっている「"つどい" は知恵の宝庫」は「家族の会」の本部会報「ぽ〜れぽ〜れ」に現在も連載中の記事です。誌面の正式タイトルは「"つどい" は知恵の宝庫〜介護初心者の悩みに応える〜」で、掲載開始の 2007 年 4 月号（321 号）から現在の 480 号（2020 年 7 月号）までの 13 年間余りで、159 の相談を掲載してきました。

　連載が始まった第 1 回の解説では、次のように誌面を紹介しています。

　　　「各支部の "つどい" では、『これは、ぼけ（認知症）かしら』と悩む家族から、看取り終えた家族まで、さまざまな家族が参加し、お互いの悩みを話し合い、介護の知恵や励ましを得ています。各支部の世話人さんや参加者のその悩みへのアドバイスや体験の紹介を紙上採録し、介護を始めたばかりの人の悩みに応えるページです。各支部が 3 ヵ月ごとに担当します」

　また「家族の会」の会報編集委員会は、この誌面の趣旨を次のように発信しています。

　　　「『つどい』のスタイルをとり、さまざまな介護体験者、専門職が介護初心者の悩みに応える。電話相談ではひとつの答えだったが、（この連載の前の企画では電話相談のスタイルで、一つの相談に一つの回答をしていました）『"つどい" は知恵の宝庫』は、正反対の答えもあり、介護はさまざまあり、自分にあったものを選んでもらう。つどいの採録だが、○月○日のつどいの報告ではない。支部が担当する意味は何なのか。支部がこれなら役立つと思う質問があり、担当者の経験やつどいでの答えがある。それが支部の独自性で担当する意味である」

この本は認知症のことを知る認知症読本でもあります。「家族の会」の"つどい"を紹介することを通して、認知症で直面するさまざまな困りごとや、ケアの方法、介護や病気と対面したときの気持ちの整理についてなど、認知症にまつわる悩みごとを網羅した52例の相談に多職種の立場から答えています。

　介護に正解はありません。十人十色の考え方や方法があります。こたえる人は本人・介護している人・世話人（「家族の会」の各都道府県支部の世話人）・医師・看護師・ソーシャルワーカー・ケアマネジャー・臨床心理士・薬剤師・作業（理学・言語）療法士、などさまざまです。

　認知症や介護に関するハウツー本、新聞や雑誌の認知症「相談コーナー」や「Q & A」では答えが一つの場合が多いのですが、この本には複数の答えがあり、それぞれ本人や介護家族のつらさ、切なさ、くやしさ、喜びなどへの共感の気持ちが基本に据えられています。

　本書では認知症カフェも紹介しています。

　認知症カフェは2012年の厚生労働省「今後の認知症施策の方向性について」と、それにもとづくオレンジプラン（認知症施策推進5か年計画）のなかで普及が謳われ、以降さまざまな運営母体が実施しています。現在、全国で約7,023か所（2019年）です。毎日どこかで、認知症に関心のある人や本人、家族、地域の人が参加し、お茶や音楽などを楽しみながら認知症の情報提供を受け、居場所として過ごしています。

　「家族の会」の"つどい"を掲載する本に認知症カフェを紹介したのは、いずれも認知症の人や家族が居心地よく認知症のことを語り、認知症の情報を得る大切な場であるからです。しかし、その具体的な内容は大きく違います。

　"つどい"は認知症の相談の場、気持ちの共有の場に特化しています。

　認知症カフェは、多様な要素がある相談場所であり居場所です。話をし、情報を得る、共感の場だけでなく認知症の人が働く場であり、地域への認知症情報発信の場であり拠点です。コンサートや落語、散歩、お

花見などのレクリエーションも多くあります。なにより身近な場所で開催され、回数も多く気軽に認知症のことで通える場です。

　いま、認知症で困っている人に多様な認知症の相談の場があることを知っていただきたいと思います。そのために、日本で認知症カフェについての第一人者である藤田医科大学の武地一教授に、認知症カフェの本質を書いていただきました。全国の認知症カフェの取材をしているコスガ聡一さんには、取材記を寄せていただきました。

　私事ですが、「"つどい"は知恵の宝庫」は、ケアマネジャーの仕事をしていた当時から「ぽ～れぽ～れ」で欠かさず読んでいたコーナーです。本人や家族への共感の思いが貫かれているその視点が、私にとって活動を進める上で何よりも参考になりました。代表の任に就き、40周年の記念企画として本にまとめる事業に携われたことを心からうれしく思っています。

　本書が刊行される頃には"つどい"や認知症カフェが再開し、待ち焦がれていたみなさんが元気に笑顔で会えることを心から願っています。

　この本を手に取ってくださった、読者のみなさまもぜひ、「家族の会」の"つどい"に一度おいでください。認知症になっても安心な社会、認知症とともに生きることが見えてきます。

　2020年6月

　　　　　　　　　　　公益社団法人 認知症の人と家族の会

　　　　　　　　　　　　　　　　代表理事　鈴 木 森 夫

＊ピアサポート（peer support）とは、同じような課題・悩みに直面する人同士が
　互いに支えあうことで、相談に力点を置いた「ピアカウンセリング」や傾聴に力
　点を置いた「ピアリスニング」などと同じ概念である。「家族の会」では認知症
　の人や介護家族が、同じ立場の仲間を支える活動としている。

CONTENTS

part 2 "つどい"は知恵の宝庫

1●症状・対応

part 1

"つどい" とは

1 「家族の会」の"つどい"

① ある支部のある月の"つどい"の様子から

　会場には介護者7人、支部世話人（役員）8人、医師を含めた専門職4人がロの字の机の周りに座っています。進行役の世話人が、初参加の人も話しやすい雰囲気をつくりながら相談を聞いています。

　一つの相談が終わると、参加している人にアドバイスを求めます。常連の介護者、看取り終えた世話人らのほか、ケアマネジャー、作業療法士、医師などの専門職も意見を述べます。

●ある相談

　Aさんからの相談です。

　「介護離職して在宅介護をしています。特別養護老人ホームへの入所をすすめられるのがつらいんです。

　89歳の母は要介護5です。子どもは私一人だけです。私は自分で介護したいと思って離職しました。月の半分はショートステイを利用しながら、在宅介護を続けています。つらいのは、ケアマネジャーに特養入所をすすめられること、そして医師からは胃ろうも考えるようにいわれていることです」

●参加者から

Bさん（ケアマネジャー）「ケアマネジャーさんは、まだ先のあるあなたのことを心配してそういわれるのではないでしょうか」

Cさん（介護者）「仕事を続けながら介護する方法を考えてみてはいかがですか」

Dさん（看取り終えた世話人）「私は仕事をしながら介護をしていましたが、仕事中は介護のことを忘れられました」

Eさん（世話人）「施設入所しても介護は続きます。入所したからといって介護が終わるわけではありませんから……」

② "つどい"のもつ力

●仲間と会える、気持ちの共有、情報を知る

「家族の会」は1980年1月に結成されました。"つどい"はその結成時からの原点の活動です。

当時、身内に認知症の高齢者を介護している家族は、肩身の狭い思いをしていました。近所に同じような介護をしている人はいません。身内の恥だと思うとあまりにつらく、なぜ自分だけがこんなに苦しい思いをしなければならないのか、と思っていました。

新聞に「家族の会」結成総会を知らせる小さな記事が載りました。それを頼りに京都市岡崎にある会館に集まった人たちは、一様に驚きました。同じように介護をしている人がたくさん、それも全国から集まっていたからです。

何よりもまず「私一人がつらく苦しい思いをしているのではない」と勇気がわきました。孤立していた介護家族が集まって認知症の人の介護を話し合い、互いに気持ちをわかり合える仲間ができたことは、現実の介護を続ける上で計り知れない大きな力になりました。

「私一人じゃない」

「もっと大変な人がいる。私の介護はまだましだ。もう少しがんばってみよう」

など、その日の参加者の多くは気持ちがとても楽になったのです。

それから40年経った現在も、"つどい"にはこの原点が脈々と受け継がれ発展しています。

同じ介護仲間に会い、気持ちを共有し、実際の介護に役立つさまざまな介護や福祉・保健サービス・医療、介護用品などの情報が紹介・提供されます。医師や看護師、薬剤師、作業療法士などの医療の専門家の参加もあり、専門的な知識も得られます。

　こうしたピアサポート、同じ介護仲間の支援──、それが「家族の会」の"つどい"です。

　現在は認知症本人、看取り終えた人、男性介護者、シングル介護者の"つどい"など、より近い立場で集まり話をしています。

③ 「家族の会」が考える"つどい"

　"つどい"を開催する際、「家族の会」は次の点を重視し、推奨しています。

●仲間づくり

　"つどい"の基本は仲間づくりです。介護家族は孤独です。「なぜ私だけ、このような目にあうの?」「誰も私の話を聞いてくれない」と混乱し、孤独感を感じ、苦しんでいます。そんな介護家族と同じ境遇の人たちが交流し、親睦を深めることで「一人じゃない」「話せる相手がいる」と感じることができるのが"つどい"です。

●気持ちの共感

　同じような立場にある人同士が、自分の悩みを話し、ふれあうことで、共感が生まれます。悩みを共有することで「自分よりもっと苦労している人がいる」「自分と同じ悩みをもっている人がいる」と感じることができます。それぞれの介護者が、自分の状況を受け入れることができ、心と心がつながるのが"つどい"です。

●ストレス解消

　日々の介護でたまった悩み・苦しみなどのストレスを話すことによって、ストレスが解消されます。ほっとできる時間、心のリフレッシュができるのが"つどい"です。

●情報交換

　介護に関するさまざまな情報が得られます。世話人からだけでなく、介護者同士の情報交換も重要です。

　「あそこの病院は認知症に詳しいよい先生がいる」「介護保険を上手に利用するには、こうしたらよい」など、具体的な情報交換ができるのも、「家族の会」ならではです。日々の生活の話題から国の制度まで、トータルに情報交換できるのが"つどい"です。

●学習

　認知症のことや制度について学習することで、介護を楽にしたり、病気の理解を進めることができます。知ることは力なり、です。そしてその知識は介護者にとって身近な問題であり、今日・明日の介護に必要です。それらを吸収することができます。

●力を得る

　"つどい"に参加することで「またがんばろう」と勇気と力がわきます。今日の悩みを話すことで明日の元気に変わります。同じ悩みの人に共感し、逆に自分の苦しみを共感されることでそれが励みとなり、よりよい介護へつながるのが"つどい"です。

2 "つどい"と認知症カフェ

　「家族の会」では"つどい"とともに、認知症カフェを主催したり手伝ったりしている支部も多くあります。この二つは似ていますが、次のような違いがあります。

① 集団相談面談と個別相談面談

　"つどい"は一つの相談に対して、参加者がそれぞれの経験や専門的知識、介護の工夫などを、相談者に話します。いろいろな対応や知識が出てきます。また、相談者に対応方法を紹介した人たちとの、相互の意見や思いの交流があります。時には専門職同士も情報交換し、それを聞いた参加者も学びます。複数の対応を聞くことができ、相談者はそのなかから自らにふさわしいものを選択していきます。

　しかし、さまざまな人たちが話をするため、時間的な制約があります。個人情報は守られていますが、大勢の前で相談するのは気が引けるという人にとっては、話しづらい状況ではあります。

　一方、認知症カフェでの相談は、個別に専門職や介護経験者が聞いて対応します。全体では、学習会形式で専門職が講演することもあります。

　ですから人目や時間の制約を気にせず一対一で、じっくり話すことができます。同時に、その相談を聞いた人の知識や経験の範囲の意見ですから、対応に偏りが出る場合もあります。

② 気軽さ

　認知症カフェは気軽に参加できます。住まいの近くの会場で開催さ

れ、行くのも便利です。いろいろなカフェがあり、自分に合うカフェを探すこともできます。カフェそれぞれの特徴や特性を楽しんだり、学習会なども関心のあるテーマを扱うカフェに参加したりできます。

　参加費はほとんど無料で、必要なのはお茶代程度です。カフェが住まいに近いと近所の人に出会うこともあり、その後の介護協力などが得られる場合もあります。

　"つどい"は「家族の会」の各都道府県支部が開催しています。居住地から遠い場合もあります。参加費は無料の支部やお茶代程度を集める支部などさまざまです。会員と非会員で参加費に差をつけてオープン開催している支部や、会員限定で開催している支部もあります。

③ 介護経験者

　"つどい"には、多数の介護経験者が参加しています。目の前の認知症介護で困っている人を助けたいとの思いをもった世話人や、介護中の人、看取り終えた人がたくさん集まっています。

　認知症カフェには、介護経験者だけでなく、専門職、ボランティアなどさまざまな立場の人が参加しています。

④ 仲間の輪

　"つどい"を運営している支部の世話人は、介護家族の仲間の輪をつくっていきたいという思いをもっています。自分も困ったから、いま介護中の人を助けたい、仲間がいることで認知症とともにある人生を前向きに歩めていることを困っている人に伝えたい、と思っています。

　男性介護者、本人、看取り終えた人、シングル介護者など、立場別でも"つどい"は開催されているので、気持ちがよりわかり合えます。

　認知症カフェでも仲間の輪はできますが、"つどい"とはやや温度差

があるように感じられます。

　仲間の輪、同じ介護仲間同士、認知症本人同士がつながる力は、とても強いと思います。

　"つどい"で何回か会ううちに親しくなり、連絡先を交換し、日常的なつながりも出てきます。"つどい"では話せなかった些細な情報交換や、趣味、生きがいなど互いの交流も生まれてきます。

　さらに、単に介護するだけでなく、介護を通じて人の見方などをより深め、人生を豊かにしています。自身の介護体験をほかの人のために役立てたいという先輩の行動から、後輩もその一歩を踏み出していきます。支部の世話人になる人も出てきます。それは看取り終えてからも続きます。

　"つどい"で生まれた仲間の力がそこに集い、介護家族や認知症本人の人生が実りある人生になっていきます。ピアサポートのもつ力が行動変容を起こします。

6 カフェは働く場、多彩なレクリエーション、認知症の地域拠点

　一つ、"つどい"ではできないことがあります。

　認知症カフェではお茶を入れる準備、配膳、注文取りなどさまざまな仕事があり、本人にとって働く場となっているところがあります。

　また、レクリエーションもコンサート、地域探訪など多彩で、本人、介護者の心やすらぐ居場所になっています。

　その地域の人が主催していることも多く、認知症のことを知る拠点にもなっています。

　"つどい"は相談と共感に特化した場です。

"つどい"と認知症カフェ、それぞれの意義

武地　一（藤田医科大学医学部 認知症・高齢診療科 教授）

　日本で認知症という病気が医師の間で急速に認識されるようになったのは、21世紀が始まった2000年のことでした。

　それまでも、1972年に発刊された有吉佐和子さんの小説『恍惚の人』（新潮社）などを通じて、当時は痴呆と呼ばれていた認知症も十分に知られてはいましたが、医療のなかでの認識や理解は不十分でした。

　しかし、1999年に国内初のアルツハイマー型認知症治療薬が発売開始されたことと、2000年に介護保険サービスが開始になり、主治医意見書に認知症に関する診断名や病状を記載する必要が生じたこともあって、医師が認知症に本格的に向き合うことになりました。

1　会報誌を情報源として

　私は、内科医と脳科学研究の経歴を生かす分野としてちょうど1999年に、物忘れ外来を始めました。すでに先駆的に取り組んでいる医師や当事者団体としての家族会の活動もありましたが、認知症診療に関する情報は限られていました。

　そのようななか、認知症に関する情報を得るのに有用だったのが、認知症の人と家族の会（当時は「呆け老人をかかえる家族の会」）が毎月発行している会報誌でした。きっかけは忘れてしまいましたが、物忘れ

外来を開始して比較的早い時期に会員になりました。

　会報誌には「……病院に行ったが、十分な説明を受けられなかった」というような、医師としては耳の痛い内容も記載されていましたが、日々の生活における認知症の人とその家族の思いを実感できる情報源でした。認知症という病気は本人も家族も1日24時間、1年365日向き合っていく必要があり、専門的にはADL（日常生活動作）・IADL（手段的日常生活動作）というくくりになりますが、買い物や服薬管理から着衣・トイレ動作なども含む、日常生活のあらゆる場面に関わってくる病気であることがよくわかりました。

　また、いまではBPSD（行動・心理症状）と呼ばれ、当時は周辺症状あるいは問題行動とも呼ばれていた認知症に伴う行動面や精神面の症状も日々生じ、それに向き合う家族の様子、そこから生じてくる介護負担感との葛藤などもよくわかりました。認知症を専門とする医師として肝に銘じて診療にあたらなければならないと思いました。

　このように、認知症という病気は認知機能、生活機能が低下する病気で、精神機能にも影響をおよぼす疾患ですが、もう一つ大事な点は、本人や家族の考え方や価値観、これまでの生き様（生活歴）などによっても、症状や生活を改善する工夫が異なってくることです。

　大声で叫んで周囲の人を困らせていた認知症の人が、昔の仕事の話をきっかけに温厚な人に変わるというような、認知症の人の本質を知ろうとする努力、それぞれの生き方があるという認識、そして家族にも、同居であったり遠距離介護であったりというさまざまな境遇におられることの理解が重要です。

　その当時、高齢者の医療倫理の講演で、ネゴシエイテッド・コンセントという言葉も知りました。この言葉はインフォームド・コンセントという、がんなどの病気の告知の際、医師が一方的に診断と治療方針を告げるのではなく、本人や家族が十分に理解し、治療法を選択する際に用いられる言葉と対比して紹介されていました。どう違うのでしょう。

ネゴシエイテッドというと難しいですが、ネゴシエーションは交渉という意味で、とても簡単にいうと「多くの選択肢や状況のなかから落としどころを探っていく」ということです。

　つまり高齢者、特に認知症がある場合、本人の病状、生活歴、家族の介護力、病気への理解、家族自身の生活、価値観など多くの因子から最も望ましい処方箋を探っていくことが大事だ、ということです。これには、本人、家族のみならず、助言したり支援したりする医療・介護などの関係者、家族として同じような経験をした人、それぞれの考え方や経験の多様性も関係してきます。なかなか一筋縄ではいかないともいえるでしょう。

　そんなとき、認知症の人と家族の会の会報誌に「"つどい"は知恵の宝庫」というコーナーがあることに気がつきました。「認知症の母に、遠くに住んでいる私の近くの施設に移り住んでもらうほうがいいでしょうか？」というような娘さんの質問に、介護経験のある先輩やケアマネジャー、医師などがそれぞれの知識や経験をもとに助言するコーナーです。

　認知症という病気とつきあうには、かなり多様な選択肢から落としどころを上手に見つけていく必要があり、さまざまな立場の意見を聞いて、自分に合うところを見つけていくのが大事です。そのために「そんなふうに考えてみるのも正解かもしれない」とか、「そういう意見もあるかもしれないけれど、もうちょっと別の意見も聞いてみよう」とか、考えていくきっかけを与えてくれるコーナーです。

　このコーナーは、認知症の人と家族の会の各支部で毎月行われている"つどい"のエッセンスを表現したもので、実際の"つどい"では、介護経験者と有志の専門職らも参加して、そのような情報交換や相談を通じたピアカウンセリングという心理的受容が行われます。このあたりは、「認知症カフェ」にも通じることです。

② "つどい"と「認知症カフェ」の歴史と性格

前置きが長くなりましたが、本稿の趣旨でもある、"つどい"と「認知症カフェ」の違いは何でしょうか。前置きが長くなったのは、両者の意義や類似点、相違点を考える上で、認知症という病気を見つめ直しておきたかったからです。

"つどい"と「認知症カフェ」の大きな違いの第一は、"つどい"が1980年の認知症の人と家族の会発足当初から最も大事な行事として継続されている一方、「認知症カフェ」が国の文書に正式に登場したのは2012年であり、歴史の長さがかなり違うということです。

「認知症カフェ」の源流の一つとして最も重要なアルツハイマーカフェがオランダで開始されたのは2000年以前ですから、そこには、認知症という病気への向き合い方として共通点があると思いますし、2012年に日本で正式に始まった「認知症カフェ」の源流も、オランダ式だけではなく、日本での"つどい"も同じように重要な源流になっていると思います。認知症に関する情報交換、ピア（同じ経験）の立場での交流という意味で両者は共通点をもっています。

③ "つどい"と「認知症カフェ」の内容的な相違点

それでは、内容的に異なる点は何でしょうか。いくつかの項目に分けて書いてみます。

● 数的な違い

「認知症カフェ」は、国の施策であるオレンジプラン・新オレンジプランで全国の各市町村に設置すると定められたため、市町村単位に配置され、現在では全国約7,000か所、人口2万人に1か所以上が設置されています。つまり、数としてはかなり多く、おおむね中学校区に一つくら

いはあるため、足を運びやすいという点があげられます。

❷ 専門職の関わり方

　1点目とも重なりますが、認知症カフェは、必要条件ではないものの、認知症地域支援推進員という自治体の職員がキーパーソンとなることが国の指針として示されているため、認知症に関する専門的知識をもった専門職が関わることが多くなっています。ただし、実際には「認知症カフェ」の運営ガイドラインのような手引きが全国で標準化されているわけではないので、各地で試行錯誤が続いています。

　また、自治体などが運営主体になるほか、家族会が主体となるケースも多く見られます。2018年度に厚生労働省の老健事業で行われた全国の認知症カフェに関するアンケート調査では、1,477か所のカフェからの回答のうち、割合としては6.7％ですが、数としては98か所のカフェで家族会が運営主体になっていました。

　このことは、“つどい”の経験が「認知症カフェ」に生かされているということになり、相違点とは言い切れないところがあります。

❸ 3つの内容軸

　オランダ流のアルツハイマーカフェでは、教育・情報交換、楽しみ、交流という3つの内容軸が示されています。日本の「認知症カフェ」では、「楽しみ」に力点が置かれている場合も少なくありません。

　これが行き過ぎると、3つのうちの「教育・情報交換」「交流」の比重が軽くなり過ぎて、本来の意義を見失う危険がありますが、音楽の生演奏などに代表されるような「楽しみ」や「リラックスできる雰囲気」があることは、「カフェ」としての非常に重要な点です。

　認知症という病気への向き合いという、ややもすると気が重くなるところを、「カフェ」という言葉とそこから広がる着想でやさしく包み込むという点が大事です。

❹ 集う人たち

もう1点、大きな違いとして、「認知症カフェ」は本人も家族も、そして地域の人も、専門職も参加することが基本になっている点です。

ただし、本来最も理想的とされる、認知症に関わる人であれば、本人でも家族でも地域住民や専門職でも、誰もが集い、自由に議論・交流するという形をもっている「認知症カフェ」もありますが、そのバランスを保つことは簡単ではなく、家族会主体から本人主体、地域住民主体など軸足が異なるさまざまなカフェが存在しているのが現状です。このためにも、認知症カフェ運営ガイドラインが整備されていく必要があります。

また近年、本人ミーティングやオレンジドアなど認知症の本人主体の活動も重視されており、新オレンジプランで「認知症の人が主体的に活動する場の一つ」と定義された認知症カフェとこれらの活動との区別が難しい場合もあります。

いずれにしても、認知症に関わる人、それぞれの思いや立場を知り、コーディネートしていくことが求められ、その結果として、それぞれの人がよりよく生きるための出発点であることが期待されています。

❺ 地域における認知症理解の拠点

4つめの点（集う人たち）に関連して、もう一つ大事な点は、「認知症カフェ」は地域に開かれ、地域の人々が認知症という病気をよく理解し、偏見をもたないようにする拠点となることです。

4 互いに学び合って

- -

このように「認知症カフェ」には、相違点といっても"つどい"とかなり共通する点がありますが、"つどい"ならではの強みは何でしょうか。

現在の「認知症カフェ」にない点として、"つどい"は認知症の人と家族の会という全国組織の定例行事として運営され、全国集会や電話相談の研修会なども含めた研修の場がしっかりと設けられていることがとても重要です。認知症という病気に関わるためには、運営者が一定の共通理解をもち、さまざまな知識をくり返し学んでいることが大切です。

　今後、"つどい"と「認知症カフェ」は互いに学び合って、誰もが認知症とともによりよく生きるための拠点となることが重要だと思いますが、人によっては居酒屋が好きな人もあれば、フレンチレストランが好きな人もあるように、あるいはその時々の気分で選ぶことができることが満足につながるように、認知症とともに生きていく拠点としても、さまざまな場所があるほうがよいのかもしれません。

日本の認知症カフェを育んだ風土

コスガ聡一
（「全国認知症カフェガイド on the WEB」案内人、フォトグラファー）

1 認知症カフェの元祖

　4年間にわたる取材の成果として、2020年6月『全国認知症カフェガイドブック 認知症のイメージを変えるソーシャル・イノベーション』を上梓しました。医療・介護の専門職ではなく、認知症の本人・家族でもない私ですが、この本をつくるにあたっては次のような3つの視点を意識しました。

　1つ目は本業であるカメラマンの視点。これまで関心のなかった人にも認知症カフェがすてきな場所だと感じてもらえるよう、建物、風景、人物の写真に腕を振るい、ビジュアル面にこだわりました。

　2つ目は案内人（ガイド）の視点。多種多様な取り組みがあり、ジャングルのように人を迷わせてきた認知症カフェの世界に、独自のカフェ類型をもち込みました。これはいわば地図をつくる仕事だったと思っています。

　3つ目は史家の視点。といってもただの歴史ファンですが、もともとあらゆることのルーツが気になる性格のため、当初から日本の認知症カフェの始まりについて探求心をもっていました。

　今回の本では2012年に相次いで開設された「国立市・認知症カフェ」

（東京都国立市）、「オレンジサロン 石蔵カフェ」（栃木県宇都宮市）、「Ｄカフェ・ラミヨ」（東京都目黒区）、「オレンジカフェ今出川（現オレンジカフェコモンズ）」（京都府京都市）の４つが、国内における認知症カフェの元祖であることを明らかにすることができました。

② 「石蔵カフェ」の歴史から

　この４カフェのうち、認知症の人と家族の会（以下、「家族の会」）・栃木県支部のみなさんが立ち上げた「石蔵カフェ」の歴史は、日本の認知症カフェを理解する上で大変重要です。

　「石蔵カフェ」は始まり方に特徴があります。それは認知症になっても仕事がしたいと願った男性Ｓさんが喫茶店のマスターを務めるためだったということ。つまり認知症の人のためのカフェというより、Ｓさんその人のためのカフェだったといえます。私はこのような成り立ちのカフェを「パーソナル認知症カフェ」と名づけて類型化しました。

　「パーソナル認知症カフェ」はカフェの最小単位であり、認知症カフェの芽でもあります。「石蔵カフェ」は、まさにこの芽から大きくなった代表例なのです。

　やがて「石蔵カフェ」には、Ｓさん以外の認知症のある人や認知症以外の事情がある人が参加するようになりました。さらにコーヒーやケーキ以外にランチを提供するようになると、ボランティアスタッフが増え、地元の農家から野菜を寄付される関係も生まれました。金澤林子支部代表が「ここでは何をしてはいけないというこ

とは一切ありません」というように、歌を歌ったり、折り紙をしたり、さまざまなニーズを積極的にくみ取り現在の姿になっていきました。

このように主体・対象・事業が次第に複雑化していくカフェを、私は「拡散するカフェ」と名づけて類型化します。

この「拡散するカフェ」と対をなすのが「特化するカフェ」です。「特化するカフェ」は専門性への信頼と原則重視の姿勢などを特徴とし、その代表例こそオランダから世界に広がったアルツハイマーカフェです。

この2つの方向性は決して対立的なものではありませんが、グローバルなものとローカルなものの関係性を見出すことができると私は感じています。

③ 「家族の会」あっての日本の認知症カフェ

日本の認知症カフェ文化にほかの国と異なる部分があるとすれば、それは「家族の会」が育んできた文化的な風土が根底にあることでしょう。これまで全国220か所ほどの認知症カフェを実際に訪れましたが、多くの場所で「家族の会」に関わる人たちに出会ってきました。

かつて容易に人前で語ることができなかった認知症とその介護を、語り得るものに変えてきた「家族の会」の歴史と革新性を、全国7,000か所以上の認知症カフェは受け継いでいます。

認知症のイメージを変え、ともによりよく生きる社会をつくるためのソーシャル・イノベーションは、もはやとどまることはありません。

part 2

"つどい"は知恵の宝庫

前頭側頭型認知症の症状の対応に困っています

　58歳の夫は、3年前に会社のすすめで受診して前頭側頭型認知症と診断され、2年前に本人の希望で会社を辞めました。現在、自宅で私一人で介護しています。毎日出かけ、公園のゴミなどを片付けていたので、初めは感謝されていました。しかし最近は、近隣宅の郵便受けにゴミを入れて苦情を受けたり、スーパーで万引きしたといわれて警察沙汰になったりしました。これからのことを思うと不安です。どのように対応したらよいでしょうか？

介護経験者●同じ病気の仲間に救われました　私の夫も同じ病気でした。症状を受け入れられるまで精神的につらく、私はうつ状態になりました。

　朝食は食パン2枚とバナナ、昼食はぴったり12時でないと納得せず、外出中であろうが受診中であろうが、無理にでも家に帰ろうとしました。

　"本人のつどい"や"若年のつどい"などに参加し、同じ病気の家族を介護している人に出会って仲間ができ、なんとか乗り越えられました。

　近くに集まりがあったら、ぜひ参加してください。

看護師●行動パターンを介護に活かしましょう　毎日、同

じ時間に決まったコースを散歩するなどの時刻表的な「常同行動」は、内容によっては非常に介護しづらい状況を引き起こします。家族だけで対応することは困難です。

専門的な精神科のデイケアで行っている「常同行動」を有意義な活動に置き換える「ルーティン化療法」と呼ばれる作業療法が有効です。ご主人の場合は、公園の掃除を日課にして、いっしょに出かけてもらえるよう、地域の民生委員に事情を話して頼んでみましょう。

ケアマネジャー●居場所づくりを考えましょう　これまで一人での介護は大変だったと思います。これからは、ご主人をサポートする環境を整えましょう。

認知症カフェやデイサービスの利用など、日中の居場所づくりを考えましょう。スタッフに病気の特徴を理解してもらい、座る場所を同じにする、最初はマンツーマンで対応する、毎日の日課を決めるなど、安心して過ごしてもらえるような配慮を頼みましょう。

周囲の環境に影響されやすいので、少人数の静かな雰囲気のところがいいでしょう。

医師●薬が有効な場合もあります　前頭側頭型認知症はアルツハイマー病とは異なり、もの忘れは比較的少ないのですが、感情や理性の抑制がきかなくなる、社会的な規範から外れた行動をする、同じ行動や言葉をくり返す、食事の好みが変わる、などの特徴があります。

行動障害に対して薬物療法が有効な場合もあります。主治医とよくご相談ください。発症が65歳前ですから指定

難病となり、医療費の補助もあります。

 世話人 ● お店や地域の人に協力を求めましょう　万引きを
くり返すことが心配だと思います。同じ店でトラブルにな
ることがよくあります。

　病気の症状でやめさせようとしても難しいことを店の人
に理解してもらい、後で支払うことも伝えて、警察ではな
くまず家族に連絡してもらうように頼みましょう。

　また、地域の民生委員などに打ち明けて協力を求めるこ
とも、近隣トラブルの回避となるでしょう。

そのあと どうなりましたか？

認知症カフェに通い始めました

　認知症カフェやデイサービスの利用はこれまでもすすめられていまし
たが、若い夫がお年寄りのなかで過ごすのをかわいそうに思い、私が躊
躇していました。"つどい"でいろいろな話を聞き、夫には仕事もこれ
といった役割もなく、私は怒っていることが多いことに気づきました。

　そこで、地域の情報を教えてもらえると聞いていた地域包括支援セン
ターに相談に行きました。誰でも参加でき、認知症のこともよく理解し
ているスタッフがいる認知症カフェがちょうど近くにあると聞き、夫と
いっしょに行ってきました。夫は調理が好きだと話すと、コーヒー係に
なり、スタッフの人たちといっしょにがんばっています。

＊参考：中西亜紀「"前頭側頭葉変性症"を知ろう！」「ぽ〜れぽ〜れ」2014年4〜
7月号掲載

レビー小体型認知症とはどんな病気ですか？

夫（76歳）は、半年前にレビー小体型認知症と診断されました。ときどき「知らない人が座敷に座っている」「2階に誰かいる」と騒ぎます。私が「誰も来ていない」というと「ウソをいうな！」と怒ります。身体は元気で自立できていますが、何をするわけでもなく、毎日ゴロゴロしているだけです。ほかの認知症とは症状が違うらしいので、これからどうなっていくのか心配です。

介護者●症状は工夫で消えることもあります　私も妻から「そこに子どもがいる」と指をさしていわれたときはびっくりしました。誰でも最初は戸惑ってしまいます。

でも、それがこの病気の特徴的な症状と知ったいまでは、話を合わせたり話題を変えたりして、怒らせないようにしています。また、本人といっしょに近寄ったり触ったりすると、症状が消えてしまうことも多いようです。

そんな工夫をしてみてください。

医師●注意してほしいことをお知らせします　この病気は、初期にはもの忘れの症状は目立たず、頭がはっきりした状態とボーッとしている状態が交互に変動するのが特徴

です。パーキンソン病のように筋肉や関節が固くなって歩きにくくなり、転倒しやすくなることもあります。立ち上がったときに立ちくらみが起こりやすいため、転倒にも注意が必要です。

　また、市販の風邪薬や抗アレルギー薬、胃腸薬で具合が悪くなることがあるため、薬が必要なときは医師に相談してください。

看護師 ● この病気の専門医にかかりましょう　この病気は認知症の症状がなかなか出てこないため、診断が難しいようです。適切な診断・治療によって、症状が出る時期を遅らせたり症状を穏やかにしたりできる可能性もある、といわれています。

　また、長年進行していない人もいる一方で、ほかの認知症に比べ進行が早いともいわれています。

　この病気に詳しい専門医の受診をおすすめします。

地域包括支援センター職員 ● 昼間の過ごし方を考えましょう　昼間寝てしまうと夜眠れなくなり、幻視が現れたり「家ではない」と出て行こうとしたりする場合があります。

　疲れ過ぎると不安になりやすいので気をつけながら、日中は疲れ過ぎない程度に身体を動かす工夫をしましょう。地域に認知症カフェなどの居場所があれば、出かけてみるのもいいでしょう。

　いろいろな情報を知っておくためにも一度、地域包括支援センターなどの窓口に相談してみることをおすすめします。

世話人●同じ病気の仲間がいます　レビー小体型認知症サポートネットワーク（＊）という相談窓口もあります。交流会も行っています。

　どんな認知症であれ、介護する家族はとても戸惑います。頭ではわかっていても、やさしくなれない自分に心が痛くなることもあります。

　相談したり「交流会」に参加したりすることで、気持ちが楽になったり介護のヒントが生まれると思います。

そのあと どうなりましたか？

専門医から詳しい説明を聞けました

　レビー小体型認知症サポートネットワークで病気の相談をしたり、同じ病気の介護者に会ったりできると知り、インターネットで近くでの開催場所を探して行ってみました。その会場で、専門の先生にこの病気について詳しく教えてもらいました。介護者の交流会もあり、夫には見えている「幻視」への介護方法もいろいろと聞くことができ、とても参考になりました。

　でもこの会は年に数回の開催です。介護仲間と話したいときは今回のように"つどい"に行ったり、しんどくなったら電話相談を利用したりしています。悩みや苦しみを口に出して話すことで本当に楽になっています。

＊レビー小体型認知症サポートネットワーク：http://www.dlbsn.org/

「好きなようにさせて」という閉じこもりの母に困っています

　82歳、要介護1の実母は田舎で一人暮らしです。隣人へのもの盗られ妄想があり、留守にすると泥棒に入られるからと閉じこもりの生活です。最近はもの忘れもひどく、調理もできなくなって食事はカップ麺ばかり。室内で老犬をとても大事に飼っていて、デイサービスをすすめても犬を置いて行くのは嫌がります。母は「好きなようにさせて」といいますが、このままではますます認知症が進みそうで不安です。どうしたらいいでしょうか。

世話人●お母さんの気持ちを聞きましょう　お母さんのことが心配なあなたの気持ちもよくわかります。

　よりよい解決策を見つけるために、まずはお母さんの気持ちと暮らしぶりをよく知ることが大事だと思います。私も、一度母の話をじっくり聞いてみました。そして、気長につき合おうと決めてから、母も私の話に耳を傾けるようになりました。

　何日か泊まりに行くことはできませんか。行って、食事をつくったり、お母さんの話をじっくり聞いたりしてみることをおすすめします。

介護経験者●犬といっしょに暮らせる方法を考えましょう

あなたの心配はよくわかりますが、犬はお母さんにとって、単なる「ペット」ではなく、大切な「パートナー」になっているのだと思います。

　犬と離してしまうと、いまのもの盗られ妄想が、もっと違う形で深刻化するかもしれません。ペットを飼え、お母さんの見守りもできるサービスを探すなど、犬といっしょに暮らせる方法を考えましょう。

デイサービス職員●半日の利用から始めてみましょう　うちの事業所の利用者にも、一人で犬と暮らしている人がいます。「半日なら」と、まずは午前中の利用から始めました。慣れるにつれて犬のことも気にならなくなり、1日利用できるようになりました。

　いまでは迎えに行くと、「留守番頼むよ」と笑顔で犬に声をかけて出かけられるようになりました。

ケアマネジャー●ヘルパーの利用を考えては　もの盗られ妄想もあり、家を留守にすることはお母さんにとって不安が大きいのではありませんか。

　事業所に事情を話して、ヘルパーに部屋の掃除や食事づくりを依頼してみてはどうでしょう。ヘルパーと会話を楽しむことができれば、認知症の進行が和らぐかもしれません。

看護師●いっしょに暮らせませんか　お母さんは、一人暮らしに不安を感じていることをうまく表現できなくて、認知症の症状が強く出ているのかもしれません。お母さんを

引き取り、いっしょに暮らすことを考えてみましょう。

　医療機関にきちんとかかれているのかも気になります
し、服薬管理も必要な状態と思われます。環境の変化も、
娘さんとの同居であれば大丈夫だと思います。

　愛犬を飼うのが難しければ、老犬介護のための有料の老
犬ホームもあります。お母さんを最優先に考えましょう。

そのあと どうなりましたか？

じっくり話し合いデイ利用につながりました

　母とは私が幼い頃から気が合わず、私は愛情をもって育てられたとは
感じていません。ですから、同居には踏み切れません。

　ただ、私を可愛がってくれた亡き父が、がんで闘病していたときは、
母が一生懸命に介護をしていました。父が大好きだった私は、それがあ
るからいま、母を介護しようと思えています。そんな母娘関係です。

　とはいえ、私には家族がいますが、母には私しかいません。子どもた
ちも母のことは心配しています。アドバイスもあり、老いることを子ど
もに知ってもらうためにもと思い、母とじっくり話をしました。さびし
く、不安で気力がなくなっていたようです。

　話し合ったことで母はしぶしぶながら、デイサービスを利用するよう
になりました。

46歳・女性　専業主婦

夫が若年性アルツハイマー病と診断されました。これからどうしたらよいでしょうか？

　夫は48歳、高校生の長男と中学生の長女との4人家族です。夫は最近ぼんやりしていることが目につき、少し変だとは感じていました。会社から、ミスが多くなり取引先とのトラブルも増えたからと病院受診をすすめられ、若年性アルツハイマー病と診断されました。現在休職中ですが、これからどのように生計を立てていけばよいのか、とても不安です。

介護家族●あなたの不安はよくわかります。経済的支援制度を教えてもらい楽に　私もショックで途方にくれました。夫は退職し、私がパート勤務を始めました。

　受診した病院のソーシャルワーカーから、経済的な支援制度などについて、ていねいなアドバイスを受けました。子どもの授業料減額や奨学金の手続きを行い、精神障害者保健福祉手帳や自立支援医療の手続きをし、医療や税の負担軽減ができました。在職中で傷病手当金や障害年金の申請中です。

　ほかにもまだ、住宅ローンや生命保険などによる支援制度もあると聞いて、少し安心しています。

病院ソーシャルワーカー●現在の職場で働き続けられない か、相談しましょう　ご主人は休職中とのことですが、病気を考慮した部署で働けないか、思い切って会社に相談してみましょう。勤務していた会社や同僚の理解を得て働き続けている人も多くなっています。

　また、各都道府県には若年性認知症支援コーディネーターを配置しています。親身に相談にのってくれます。問い合わせてみましょう。これらも参考にしてください。

本人Aさん●告知を受け、早期退職しました　私は2年前に若年性認知症と診断され、会社に迷惑をかけられないと自分から退職しましたが、いまは少し後悔しています。同年代が活躍しているのに自分だけがと思うと情けなく、くやしくて家族に八つ当たりした時期もありました。

　そんなとき「家族の会」に入会し、同じ立場の人と話ができ、仲間もできて気持ちが楽になりました。

看護師●若年性認知症専門の相談機関も利用　制度利用の手続きなどわかりにくいこともたくさんあります。若年性認知症で相談したいときは次のような相談窓口があり、悩みや心配ごとについて相談員が対応しています。

・各都道府県に配置の若年性認知症コーディネーター
・全国若年認知症家族会、支援者連絡協議会（☎030-5919-4186）
・認知症の人と家族の会（☎0120-294-456／月～金10時～15時）
・全国若年性認知症コールセンター（☎0800-100-2707

／月〜土10時〜15時／年末年始・祝日を除く）

 本人Bさん●仲間に出会え、力を得ました　近くで開催されている「家族の会」の"本人のつどい"に初めて参加したときの感動は忘れません。「自分だけがなぜ」と思っていましたが、一人ではないとわかり安堵しました。

　また2017年、認知症の本人が中心で活動している「一般社団法人日本認知症本人ワーキンググループ（http://jdwg.org/）」が設立されました。要望も発表され、私たちの思いが代弁されました。

　私も最近、近所にできた認知症カフェに行き始めました。喫茶を手伝うようになり参加が楽しみです。あきらめず、孤立せず、上手に制度を利用したいと思っています。

そのあと どうなりましたか？

経済支援の手続きができました

　私も不安が強く、気持ちも沈んでいて、アドバイスされた経済支援制度の窓口には行くことができませんでした。

　そんな頃、"つどい"に参加していた世話人の人から、心配だからと電話がありました。そのときの話で若年性認知症支援コーディネーターという人がいることを知り、連絡を受けることにも同意しました。その後、そのコーディネーターのサポートで経済支援の手続きができました。

　子どもたちや夫とも、これからのことを話し合いました。夫はいま、認知症の先輩として、ピアカウンセラーのボランティアをしています。

夫の運転がないと生活できません。どうしたらいいでしょう

　夫は80歳、アルツハイマー型認知症で要介護1です。子どもたちは独立し、二人で住んでいます。買い物や病院に行くにも車がないと不便な田舎です。最近、駐車した場所がわからなくなったり道に迷ったりすることがあり、夫は運転をしたがらなくなりました。息子たちは心配していますし、医師からも運転はやめるよういわれていますが、私は足が悪く、夫の運転がないとどこへ行くにも不自由です。どうしたらいいでしょう。

医師●認知症の診断を受けた人は運転できないことになりました　2017年3月に改正された道路交通法で、75歳以上の高齢者が免許更新時の検査で認知症のおそれがあると判断された場合は、医師の診断が義務付けられています。また、一定の交通違反を犯した人も臨時に検査を受け、認知症のおそれがあれば受診が義務付けられています。

　命に関わる問題です。もし事故を起こしたら家族が監督責任を問われる可能性もあります。車のない生活に移行しましょう。

介護経験者●運転免許証の自主返納制度の活用を　私の夫も運転ができなくなり、免許証を返納して「運転経歴証明

書」をもらいました。これを提示して、路線バスやタクシーの減免などの「免許返納時の特典」を利用しています。

　車のない生活に不安はありましたが、この特典で車以外の手段が使いやすくなりました。特典については、自治体により異なります。お住まいの地域を管轄する役所や警察署に問い合わせてみてください。

ケアマネジャー●被害者の立場になったことを想像して決断を　奥さんも不便でしょうが、被害者の立場で考えて決断しませんか？

　事故を起こしてしまったとき、認知症と診断されている場合は、自動車保険（任意保険）の約款にある「免責事項」により、保険金が支払われない可能性もあります。

世話人●病状は進行します。いまが決断のときです　不便を感じるでしょうが、ご主人も運転が不安なようですし、いつまでも運転ができるわけでもありません。いまが潮時と考え、車を手放すことを奥さん自身が決める時期だと思います。

　息子さんの心配も踏まえて家族で話し合ってみませんか。買い物などは息子さんやご近所の方に協力してもらえないか、相談してみましょう。

地域包括支援センター職員●奥さん自身もサービスを利用しましょう　田舎では本当に交通が不便です。地域によって違いはありますが、NPO法人などの移送サービスや介護タクシーもあります。生活面では、生活協同組合などの

宅配や移動販売車、買い物サービスも利用できます。

　地域包括支援センターに相談してください。具体的な提案をします。また、社会福祉協議会などが実施している地域の支えあい事業で買い物を頼む方法もあります。交通の不便な地域では、デイサービス中の散歩途中に道の駅などに寄ったりすることもあります。

　奥さんも介護保険を申請し、サービスを利用するのもよいと思います。

そのあと どうなりましたか？

夫と二人でデイサービスに通っています

　"つどい"で、認知症と診断されたら運転ができないこと、事故を起こしたら家族が監督責任を問われる可能性があること、また自動車保険も支払われない可能性があることを知り、問題の重大さを再認識しました。幸い夫は運転を嫌がっていますから、これは私自身の問題だと痛感しました。

　息子夫婦と相談し、買い物は夫婦が休みのときに連れて行ってもらうことにしました。思い切って地域包括支援センターに相談し私も介護申請をしたところ、要支援1になりました。

　いまは夫と二人で、リハビリのデイサービスに通っています。自由に動くことができず不便ですが、支えてもらえる人に委ねていいのだと、少し思えるようになりました。

　正直、老いを認めるのはくやしい思いもありますが、老いを受け入れていく器量も徐々に備えていかねばと思っています。

義母の要介護認定を義父が拒否します

　義母（75歳）は何回も同じことを聞くようになりました。私たち夫婦は認知症を疑っています。義父（78歳）が胃がんの手術で入院して一人暮らしになった義母を心配し、夫と二人の義姉が交代で訪問しています。冷蔵庫に消費期限切れの食品が食べ切れないほどあり、部屋も片付いていません。退院間近の義父に介護保険の利用を相談すると、「必要ない」と要介護認定にも同意しません。義父の同意がなくても認定を受けるべきか悩んでいます。

介護者●診断を受けましょう　私も介護仲間に出会うまでは、「妻ができなければ夫である自分が家事をしよう。妻を守るのは自分の役割だ」と考えていました。人に頼ったり、助けを求めることがうまくできませんでした。

　お義父さんは、お義母さんの様子が変わったのは認知症の症状かもしれないとの理解ができていないかもしれません。専門医を受診し認知症と診断されれば、要介護認定の必要性を理解しやすいのではないでしょうか。

世話人●お義父さんの気持ちを尊重しましょう　お義母さんのことが心配ですね。介護保険につなげたいあなたの気持ちはよくわかりますが、退院してからもがんばろうと

思っているお義父さんの気持ちを尊重して、無理をせずチャンスが来るのを待つことも大切です。何かの理由で気持ちが変わり、周囲の人の支援を受け入れられるようになることもあります。

ケアマネジャー●家族みんなで話し合いましょう　まずは、これまで子どもたちに迷惑をかけないよう、夫婦で助けあって暮らしてきたことを認め、感謝しましょう。その上で、必要なサービスを利用しながら、自立した暮らしを続けてほしいことをていねいに話してみましょう。

　専門職の力が必要であれば、地域包括支援センターや認知症初期集中支援チームに相談すれば、訪問して関係をつくりながら要介護認定につなげてもらうこともできます。

ソーシャルワーカー●医師にすすめてもらいましょう　お義母さんの認知症を疑っていることを関係者に事前に伝えておいた上で、退院に向けての説明の場で医師や専門職から、お義母さんだけでなく、身体の状況に応じてお義父さんにも要介護認定をすすめてもらいましょう。

　家族のいうことに耳を貸さなかった人が、医師の前では従順で「そろそろだなと考えていたんですよ」などと話す場合もあります。

看護師●退院してからすすめてみましょう　お義父さんの退院が決まってひと安心だと思います。

　入院中は横になっている時間が長く、バリアフリーの環境でもあるため、自覚はないかもしれませんが、以前に比

べて体力や筋力は低下していると思います。

　退院後の様子を見て、以前のように動けず、自分一人では無理だと思われた頃を見計らって、介護保険のサービス利用や要介護認定をすすめてみましょう。

医師のすすめで納得しました

　"つどい"に参加した夜、夫と話し合いました。要介護認定を受けてもいいし、まだしなくてもいいと両方の意見で、それぞれに意味がありましたが、迷っている私にとっては余計に混乱しました。夫も同じ意見でした。

　そのなかで「医師にすすめてもらう」のは、私たちにも頼めそうでした。入院先の病棟師長に相談し、退院の話し合いのときに話してもらいました。義父は「誰が先生にしゃべった」などと疑うようなこともなく、主治医より義母について、症状は身の回りのことで精一杯であるなど、ていねいに説明してもらいました。

　おかげで義父も納得して、私たちに要介護認定を頼んできました。自分でも義母のことは心配だったようです。

このまま一人で生活が できるのか心配

　92歳の父は母を亡くした17年前から一人暮らし。2年前にアルツハイマー型認知症と診断され（要介護1）、デイサービスを週2回利用しています。一時は孫（私の息子）が同居しましたが、父の暴言や攻撃的な態度でうつになりました。父は私にもつらくあたるため今後も同居はできません。夕食は配食サービス利用ですが、父はご飯も炊けるし刺身もつくれます。「いまの家に住み続けたい」という父が、いつまで一人で生活ができるのか心配です。

介護経験者●見守ってもらえる人に協力依頼を　息子さんがつらい思いをすることになって心配だったと思います。

　長年暮らしてきた地域であれば、近所に親しくしていた顔馴染みの人がいるはずです。そうした人たちや民生委員に相談して、ときどき訪問して様子を見てもらうよう頼んでみましょう。地域包括支援センターも相談を受け付けています。

医師●離れるほうがいいときもあります　お父さんの症状は何らかの原因があるかもしれません。

　感情のコントロールが難しくなり、抑制したり冷静に考えて行動することができなくなるのは、認知症の症状の一

つと考えることもできます。不安が興奮につながることもあります。

お父さんが興奮しているときは、離れて気持ちが静まるのを待つのも対応方法の一つです。

世話人 ● **サービスの利用を増やしましょう**　高齢のお父さんの一人暮らしは心配だと思います。

いま通っている介護事業所のスタッフに、デイサービスの利用回数を増やすよう上手にすすめてもらいましょう。家族にいわれるより、素直な聞き入れが期待できると思います。

私の父の場合はデイサービスとヘルパーを組み合わせ、毎日誰かと会えるようにしました。一人で大丈夫かと心配しましたが、娘の私よりやさしく話しかけてもらえるので喜んでいました。

いまのお父さんの状態であれば、一人でも生活できるのではありませんか。

認知症本人 ● **お父さんの気持ちを聞いてください**　高齢で認知症だというだけで、一人暮らしができないと決めつけないでください。私がお父さんの立場だったら、まずはどんな暮らしをしたいのか、ゆっくり話を聞いてほしいと思います。

いまの家に住み続けたいというお父さんを、もうしばらく見守ってほしいと思います。でも不安なときもあるので、そんなときは助けてください。

ケアマネジャー●一人暮らしの限界を見極めましょう　一人暮らしの限界は、火の不始末や不健康な食生活、トイレのトラブルが増えたときだと考えています。

　同居できないのなら、一人暮らしが困難になったときには、小規模多機能型居宅介護施設や入居系の施設の検討が必要です。施設を見学したり申し込みをしておくなど、そのときにスムーズに移行できるよう、いまから準備しておきましょう。

そのあと どうなりましたか？

見守りを依頼しました

　心配はありますが「いまの家に住み続けたい」といっている父の思いに寄り添い、もう少し見守ってみようと思います。

　デイサービスも利用していますし、ケアマネジャーや民生委員の人たちにも、一人暮らしでトラブルに気づいたときには連絡してもらえるよう頼みました。ヘルパーも利用できれば見守ってもらえる人が増え、さらに安心です。私もふらっと様子を見に行きたいと思っています。

　また今後のことも考え、介護施設などのことも自分なりに調べてみようと思います。

もの忘れがある祖母は一人で 留守番ができるでしょうか？

85歳の祖母と両親、弟と私の5人暮らしです。最近の祖母はもの忘れが気になるようになりました。いつもいっしょの母（実娘）が手術で入院する間、家族が仕事に出た後一人になる祖母が心配です。知人にデイサービスをすすめられましたが、その段階ではないような気もします。婿養子の父は遠慮がちで何もいわず、弟は仕事で精一杯のようです。私も勤めながら母の代わりをする自信はありません。祖母にはどんな方法が一番よいでしょうか？

介護経験者●おばあさんの考えを聞いてみましょう 昼間一人になることをおばあさんはどう思っているのか、お母さんといっしょに聞いてみませんか？ おばあさんなりに何かお考えがあるかもしれませんよ。

おばあさんが一人で昼食の準備などの家事をどこまでできるのか、試してみるのもいいかもしれません。

もちろん、自分で何でもできるといわれても、無理して身体に負担がかからないよう、家族で見守ったり声をかけたりすることも忘れないでください。

世話人●顔馴染みの人に見守りを頼みましょう 一家を切り盛りしてきたお母さんが入院するのは不安だと思いま

す。仕事をしながらお母さんと同じことをしようとするのも、無理があると思います。

　一人でがんばろうとせず、助けてもらえる人を見つけましょう。親戚や近所に、おばあさんの話し相手になってもらえる人はいませんか？　短時間でも訪問して様子を見てもらえたらいいですね。

 地域包括支援センター職員●地域の資源を探しましょう
地域に配食サービスやサロンなど、介護保険以外の見守りサービスはありませんか？

　傾聴ボランティアが訪問している地域もあります。地域包括支援センターや役所の高齢福祉課などの窓口で聞いてみましょう。また、有料の見守りサービスもあります。

　おばあさんにとって、いろいろな人と会うことが楽しみになるといいと思います。

 介護者●家族で家事を分担できませんか　おばあさんはお母さん（娘）といつもいっしょにいることで、安心して頼り切っていたのかもしれません。

　しかし大事な娘が入院となれば、家事も娘の面会も自分の仕事と思って動き始め、役割ができて、もの忘れも軽減するかもしれません。

　買い物や夕食の準備などをお父さんや弟さんにも協力してもらえるよう、家事の分担を検討しましょう。

 ケアマネジャー●介護保険のサービス利用も考えてみてください　おばあさんの普段の様子を、お母さんからもう少

し詳しく聞いてみましょう。おばあさんが一人で留守番を
しなくてはいけない状況になるのを、一番不安に感じてい
るのはお母さんかもしれません。

　もの忘れも気になりますから、この機会に専門医を受診
することも含め、デイサービスの利用に向けて家族で相談
してみるのもよいと思います。

そのあと どうなりましたか？

祖母・母と話し合い、分担して乗り切りました

　もの忘れがある祖母が一人になることを考えると不安ばかりでした
が、祖母や母の気持ちを聞いてみようと思い、3人で話し合いました。
祖母は一人でも大丈夫だといいましたが、母はやはり少し不安があると
話していました。

　そこで、近所に住む叔母にときどき様子を見に来てもらうよう頼みま
した。また、近所で配達もしている弁当屋があったので、昼食の配達を
頼むことにしました。

　母のいない1か月は、父や弟にも家事協力を頼みましたが、祖母も洗
濯を担当し、なんとか無事に母の退院の日を迎えることができました。

　祖母はもの忘れがあり、同じことを何度も聞くなど認知症を思わせる
症状はありますが、まだまだできることがあるのだと気づきました。

仲間への関わり方、できることは？

　私は、仲間たちと子ども向けに紙芝居や絵本の読み聞かせのボランティア活動をしています。仲間のＡさんは最近、読み聞かせはしっかりできているものの、日にちや集合場所を何度も間違えるようになってきました。Ａさんは72歳で子どもはなく、76歳の夫と二人暮らしです。二人の生活の様子はよくわかりませんが、ときどきＡさんの不安そうな表情を見るので心配しています。仲間たちで何かできることはないかと話し合っています。

ケアマネジャー●不安な気持ちを聞いてみましょう　Ａさんには不安そうな表情も見られるとのことですから、まずは「何か心配事でもありませんか」と尋ねてみるのがよいでしょう。

　読み聞かせは楽しくできていても、日にちや場所を間違えることに気がついていて、これまで通り続けていくことが不安なのかもしれません。気持ちを聞くなかで、仲間として何ができるかを考えていきましょう。

世話人●ご主人と話をしましょう　Ａさんを排除するのではなく仲間として力になりたいとのこと、敬意を表します。

　Ａさんの力になるためには、ご主人の協力が不可欠です。

ご主人はＡさんの変化や不安に気づいていないかもしれません。ご主人の気持ちに配慮しつつ、グループのリーダーや男性からＡさんの様子を伝えてもらいましょう。

　家での様子も聞いた上で、具体的にご主人のサポートを頼みましょう。ご主人にボランティアの仲間に入ってもらうのもよいと思います。

介護経験者●できるだけ長く続けられるように……　話を聞いて主人のことを思い出しました。

　若い頃に経験していた「紙芝居」を子どもたちの前で演じる機会を得たときのうれしそうな表情や、聞いている人を引きつける話術は、主人が認知症だとは信じられないほどでした。

　あのとき大好きな「紙芝居」ができる機会をもっとつくっておけば、少しは進行を食い止めることができたかもしれないと悔やんでいます。

　みなさんで送り迎えするなど協力して、いっしょにボランティアを続けられるようにしてください。

地域包括支援センター職員●仲間たちで認知症について学びましょう　Ａさんは認知症かもしれません。Ａさんを支えるためには、まず仲間のみなさんが認知症に対する正しい知識をもつことが必要です。

　認知症サポーター養成講座は、誰でも気軽に受講できて認知症のことが学べます。そこにご主人も誘いましょう。地域の身近な人たちにもぜひ受講してもらい、認知症の人や家族を地域で支えていけるようになっていけば、と思い

ます。

 医師●受診をおすすめします　認知症の疑いがあるなら早期診断、早期対応が必要です。

　まず地域包括支援センターに相談しましょう。市町村によっては認知症初期集中支援チームを利用するのもいいでしょう。自宅を訪問して評価し、相談に乗り、専門医などにつなぎます。

　早めの対応がいまの暮らしを長く続けることを可能にします。

そのあと　どうなりましたか？

送迎を始めて表情が明るくなりました

　「紙芝居」の話がとても心に残りました。私たちも、何もしないうちにAさんが去ってしまうことになるのはとても残念なことだと思いました。

　そこで、読み聞かせの日は、グループ内の親しい仲間で彼女を迎えに行くことにしました。Aさんも、本当は誰かに送迎してほしかったのを、ご主人にも私たちにも言い出せずにいたようです。何度か送り迎えしているうちに、一人で行き来する不安がなくなったせいか、彼女の表情も明るくなった気がします。

　その変化はご主人にも通じたようで、「何かありましたか？」と聞かれました。気になっていたことを伝えると、最初は驚いた様子でしたが、「これからは気をつけて様子を見るようにします」とのことで、ほっとしました。

義父の女性に対する関心が強くなっているようです。どう対応したらよいでしょうか？

　義父（82歳、アルツハイマー型認知症、要介護1）は週4回デイサービスに通っています。数年前に義母が亡くなり、市の高齢者を対象にした健康教室などに参加していました。最近では女性に対する関心が強くなり、新聞や雑誌に記載されている出会い系に電話をしています。先日は義父の部屋にアダルトビデオが数本隠されていました。「義父の年であり得ない……」と気持ち悪く、どう対応してよいか、困っています。

介護中の世話人●ご主人に話しましょう　嫌悪感を抱いたり戸惑ったりしているあなたの気持ちはとてもよくわかります。ただ、これが認知症によるものかどうかはわからないと思います。どちらにしても「生きる活力」の表れと考えることもできるのではないでしょうか？

　しかし、同じ嫁の立場としてあなたの気持ちは理解できますから、あなたの気持ちをご主人に伝えましょう。

デイサービスの職員●デイサービスのプログラムを再検討してもらったらどうでしょう　高齢者の性に関する問題は、施設でもよくあります。トイレ介助や入浴介助はできる限り同性の職員が対応するようにして、徐々におさまっ

てきました。その一方でカラオケやレクリエーション、散歩に出るなどして楽しめる時間をつくり、気分転換ができるような工夫もしています。

　デイサービスの職員と相談し、お義父さんが得意としていることや好きなことを日常生活やデイサービスのプログラムに取り入れて、関心がほかのことに向くような工夫が大切と思います。

臨床心理士●老いても性的存在であることを理解して関わりましょう　認知症の人に限らず高齢者の性について特別視は不要で、驚くことではないでしょう。「家族と触れ合いたい」「人を愛したい、可愛がってあげたい」などの精神的欲求としても表れることが多いようです。

　お義父さんは老いや認知症からの不安、焦燥などから愛情欲求が強くなっている可能性もあります。家族がいても寂しさを募らせているのかもしれません。

　家族だと難しいでしょうが、男性も女性も年齢にかかわらず性的存在であることを理解することで、「高齢者の性への嫌悪感」が少しでも緩和されてほしいと思います。

看護師●かかりつけ医に相談しましょう　あなたや身近な女性への不謹慎な行為には至っていないようですから、お義父さんはいまのところ分別のある状態と思われます。

　今後、あなたや周囲の人を直接の対象とした行動が出た場合は、落ち着いて「キッパリ拒否する」のがよいでしょう。

　そして、認知症特有の行動・心理症状（BPSD）や認知症の進行のために医学的治療が必要なこともありますから、

医師に相談しましょう。

介護士●ご主人に関わってもらいましょう　ヘルパーで訪問したときに、性的な言葉を受けたり、身体を触られたりしたことがありました。

同僚に相談すると「凛として関わるように」と助言されましたが、自分にも責任の一端があるのではないかと悩んだ時期もありました。独居の人でしたから助けを求めることもできず、怖さも先に立ってつらい思いをしました。担当を代わると、その人の困った行動はなくなりました。

ご主人に関わってもらう場面を増やしてもらいましょう。

そのあと どうなりましたか？

介護老人保健施設に短期入所してもらいました

義父の女性への関心は強く、先日は家のなかで私と二人だけになったとき、近くを通りかかったら急に抱きつこうとしました。怖い思いをしました。もちろん、夫にも話しました。夫は怒って義父をかなり叱りました。

「老いても性的存在」という話が一番に心に残っています。義母が亡くなり、認知症を患い、できないことが増えてくるなかでのこととは思いますが、どうしたらいいのか、恐怖もあり、ケアマネジャーに相談しました。そして、リハビリを兼ねて介護老人保健施設に３か月ほど入所してもらうことにしました。

義母の「もの盗られ妄想」、激しい暴言暴力に困惑の日々

　73歳の認知症の義母と私たち夫婦、息子の４人で暮らしています。２〜３年前から義母に「引き出しが開いていた。あんたが盗ったに違いない‼」と罵倒されるようになり、説明してもいっこうに収まりません。最近は実娘である妻に対しても同様で、暴力もふるうようになりました。私が夜勤の日は妻が一人になるのを怖がるようになり、別に住んでいた息子を戻しました。受診を拒否するため要介護認定も受けることができず、対応に困っています。

世話人 ● その場を離れましょう　私も母から同じように大声で怒鳴られてばかりの時期があり、母の顔色を見ながらビクビクして暮らしていました。奥さんの怖い気持ち、よくわかります。

　私は、暴言が始まったらそっと離れていました。離れることで母の興奮が収まることがよくあり、落ち着いた頃を見計らってお茶をすすめたりしていました。興奮している人に対応していると大声を出さざるを得なくなり、悪循環になります。

認知症地域支援推進員 ● お義母さんの気持ちを聞いてみましょう　認知症だから仕方がないとわかっていても、「盗

られた」とくり返されるのはつらいと思います。お義母さんのもの盗られ妄想の背景をきちんと見ていくことが必要だと思います。

　お義母さんは変わってきている自分への不安が大きくなっているのではないでしょうか。落ち着いているときにお義母さんの気持ちをゆっくり聞いてみてください。

介護経験者●認知症初期集中支援チームに相談してみましょう　男勝りでしっかり生きてきたうちの母も、人の世話になることをなかなか受け入れませんでした。

　それで地域包括支援センターに相談したところ、認知症初期集中支援チーム（認知症に関する医療や介護の専門職によるチーム）につないでもらいました。

　家を訪問して母との信頼関係をつくりながら支援してもらい、精神科の訪問診療や介護保険の認定の手続きをしてデイサービスが利用できるようになりました。

介護者●理屈をいってもダメ「説得より納得」　「あなたが盗った」といわれると「盗っていない」といいたいところですが、まずは肯定も否定もせず「それは大変ですね」などと、相手に共感する言葉を返してみましょう。

　私の場合は妻が怒りだしたときに「僕が悪かった。スミマセン。許してください」と謝るようにしました。すると少しの間は効き目があって、おとなしくなっていました。

医師●薬が必要なこともあります　もの盗られ妄想は認知症の人に見られる症状の一つです。ただ、あまりに激しい

場合は本人もつらいと思いますし、家族も疲れ切ってしまいます。

　そのときは薬の助けを借りるのも一つの選択肢です。お義母さんが信頼している人に頼んで受診をすすめてもらいましょう。

そのあと どうなりましたか？

デイサービスの利用で徐々に妄想が消えました

　義母の暴言暴力がいつまで続くのか先が見えず、息子まで巻き込んでしまい、家族だけでの対応はもう限界だと判断して、妻といっしょに地域包括支援センターに相談に行きました。そこで私たちの話を親身に聞いてもらいました。

　そして、時間はかかりましたが、義母はデイサービスに行くことができるようになりました。妻は担当のケアマネジャーに相談できるようになり、安心しています。相談に行ってよかったと感謝しています。

　義母は、デイサービスのスタッフに親切にしてもらえることや同年代の人と出会えることが楽しみなようで、いまは迎えが来るのを心待ちにしています。

　気持ちが外に向くようになったためか、もの盗られ妄想は徐々になくなりました。息子も元の暮らしに戻っています。

頻回の電話が恐怖になっています

　父は83歳、要介護2です。私の両親は昔からあまり仲がよくなくて、2年前から父だけが介護付き有料老人ホームに入居しています。入居後、レビー小体型認知症と診断されました。携帯電話が使用できるため1日何回も、昼夜を問わず電話をかけてきます。あまりにしつこいので着信拒否にすると、施設から「不穏になるので電話に出てほしい」といわれました。そのため、いまでは携帯電話をそばに置くことも恐怖になってしまいました。

介護経験者●留守電機能を使いましょう　私の母も同じでした。四六時中電話を受けていては身がもたないので、留守番対応にしていました。私の声でメッセージが流れると留守だとわかり、母もあきらめていました。

　ときどきは出るようにして、「明日会いに行くから」と伝え、母が安心できるようにしていました。そのうちに、だんだんかけてくる回数が減ってきました。

ケアマネジャー●サービス担当者会議を開いてもらい原因をさぐりましょう　お父さんはどのような状況のときに電話をかけてくるのでしょうか？　身の回りで何かしらのトラブルが起きていたり、あなたにうまく伝えられない思い

があるのかもしれません。

　原因を考えるために、ケアマネジャーに話して、あなたと介護スタッフや看護師によるサービス担当者会議を開いてもらいましょう。理由がわかれば、解決策を考えることもできます。職員といっしょに対応策を考えましょう。

施設職員 ● **あなたの都合のよいときに電話をしてみましょう**　お父さんは、家族と離れて寂しいのかもしれません。あなたの声を聞いて安心したいのだと思います。

　家族に決まった時間や決まった曜日に定期的に電話をかけてもらったところ、本人が家族とのつながりをより強く感じて落ち着いたケースもありました。

　都合のよいときに、あなたのほうから電話をしてみるのも一つの方法だと思います。

看護師 ● **主治医に相談しましょう**　昼夜を問わない電話で困っていることを主治医に相談しましょう。少量の精神安定剤などの服用で落ち着く人もあります。

　また、日中の活動性を高め、生活リズムを整えることで睡眠障害が改善され、不穏になることも少なくなるかもしれません。日中の過ごし方を工夫してみるよう、主治医から施設職員に話をしてもらいましょう。

世話人 ● **施設の人に家族の気持ちをわかってもらいましょう**　携帯電話が近くにあるだけでストレスになっている、あなたの精神面が心配です。電話から解放され、安心できる時間が必要です。

あなたの生活を守るために着信拒否をせざるを得ないことを施設に伝え、わかってもらいましょう。それでも理解を得られないようなら、思い切って施設を変えることも検討してみませんか。

そのあと どうなりましたか？

施設の日中活動に参加して電話が減りました

　施設のケアマネジャーに連絡して、話し合いの場を設けてもらうことができました。そこで、父からの電話攻撃に私がどれだけ苦しめられていたかをわかってもらうことができました。

　父は部屋で一人になるとあれこれ思いを巡らせて不安になるようなので、できるだけ日中のレクリエーションに誘ってもらうことになりました。父は集団活動を嫌っていましたが、職員からのもうひと押しのすすめで、しぶしぶ参加するようになった、とのことです。

　そのせいか、まだゼロにはなりませんが、父からの電話がとても少なくなりました。

　父も不安なのだと"つどい"で教えてもらったので、これからは時間のあるときはしっかり話を聞くようにしたいと思います。

1 症状・対応 50歳代・女性 娘

私の悪口をいいふらす母にどう対応したらいいか

以前から自己中心的だった母（83歳）が認知症の診断を受けました。遠方に嫁いだ姉と比べて「お前なんか生まなければよかった」とまでいいます。母と理容店を営んでいますが、店でも私の悪口をいいふらすので仕事もつらく、母の傍にいたくありません。母の仕事は少しずつ減らしていますが、二人ともイライラしています。要介護認定をすすめたときは激怒して「許さない！」ともいわれました。今後どのように対応していけばいいでしょうか？

世話人●お母さんと離れましょう お母さんの性格だとわかっていてもつらいと思います。理容店は一旦お休みにしてお母さんと離れ、身体を休め、落ち着いてこれからの人生を考える機会にしましょう。

そうはいっても生活の糧は必要です。外に働きに出ることは考えられませんか？ 二人にとっていまは離れることが必要だと思います。

介護経験者●認知症を知りましょう 私も母から言葉の暴力を受け、近寄ることも拒否され、つらい思いをしてきました。でも「認知症をよく理解するための9大法則・1原則」^(*)を知り、頼りにしているからこそ気を引こうとして

ひどいことをいったり、身近な人に対してつらく当たるの
だとわかり、救われました。

　私のことは嫌いなのだとばかり思い込んでいました。母
の気持ちを考える余裕ができ、イライラする気持ちをコン
トロールできるようになると、母も近づくことを嫌がらな
くなり、暴言は少なくなりました。

**地域包括支援センター職員●地域包括支援センターへ相談
しましょう**　介護保険の申請や介護保険のサービス利用に
向けて、地域包括支援センターに相談してみましょう。

　認知症初期集中支援チームにつなぐこともできます。受
診の継続が困難なときは、専門医の往診などの対応も検討
されます。

　家族のいうことは拒否しても、他人である専門職や権威
のある医師のいうことには、素直な聞き入れが期待できる
かもしれません。

ケアマネジャー●仕事を引退してもらいましょう　お姉さ
んやお母さんのきょうだいに現状を伝え、力を借りましょ
う。そして、お母さんが信頼していて素直にいうことを聞
く人に頼んで、理容の仕事からの引退をすすめてもらいま
しょう。

　その上で、理容店の定休日を使ってサロンやカフェを開
催し、馴染み客や近所の人たちが集え、お母さんを中心に
ワイワイ楽しく過ごせる居場所にしてみませんか。

　その間にちょっと買い物に行くなど、あなたも気分転換
ができるといいのではないかと思います。

立ち止まって考える機会に

"つどい"に参加していた方から私あてに手紙をいただきました。

身につまされました。私は一人っ子で母から言葉の虐待を受けて育ちました。その母も認知症になり、やむを得ず同居しています。いつもイライラしています。

みなさんの話を聞き、過去にとらわれ過ぎて病気のいまの母を見ていなかったと気づきました。

認知症の勉強をし、周りの支援も受けたら楽になるのかもしれないと思いました。つらかった思いだけでなく、いまの母の気持ちを想像したら、私自身も少しは楽になるかもしれません。

母は、自分が虐待したなどとは少しも思っていません。そのことも腹立たしかったのに……。でも"つどい"に出て、あなたやほかの人の話を聞き、少し冷静になれました。

イライラしながら、がむしゃらに介護している私自身、母の気性に似ていると気づいて苦笑しています。私にとっても、立ち止まって考える機会になりました。

＊認知症をよく理解するための9大法則・1原則：杉山孝博医師（「家族の会」副代表）が考案した認知症を理解するための法則（http://www.alzheimer.or.jp/?page_id=2228）。

30分おきのトイレ対応に悩んでいます

　要介護3のアルツハイマー型認知症（81歳）の実父を在宅で介護しています。昨年末に膀胱炎による高熱で総合病院に入院し、退院後から頻尿になり困っています。昼間はまだましですが、夜間は30分おきにトイレに行くため、その世話で父も私もほとんど眠れません。ストレスでついきつく父を怒ってしまうと、売り言葉に買い言葉で父も負けずに怒鳴り返します。夜間の排尿回数だけでも減らすことはできないでしょうか。

医師●泌尿器科を受診しましょう　男性の場合は、前立腺肥大症が原因で頻尿になっているケースもあります。また慢性膀胱炎、糖尿病などの病気を患っている可能性もあります。できるだけ早く泌尿器科を受診しましょう。

　泌尿器科が専門の認知症サポート医であれば相談しやすいと思います。排尿の時間、量、状態などを記録しておき、病院に持参するといいでしょう。

世話人●安全な環境を整えましょう　私の父は「下の世話になりたくない」と、トイレに行くことに懸命でした。

　足元が危ないので、転ばないよう、万一転んでもけがをしないよう、そして一人でも安全にトイレまで行けるよう、

寝室をトイレに近い部屋に変更し、手すりをつけ、トイレの戸は開けたままにして電気も消さないなど、環境を整えました。こうして父には一人でトイレに行ってもらいました。

ケアマネジャー●サービスを利用し、専門職の評価を受けましょう　トイレの対応をあなた一人で担うのは大変です。看護小規模多機能型居宅介護(*)や介護老人保健施設を利用すれば、看護師や薬剤師、主治医などの連携により、専門職の目で排泄の状態を観察してもらうことができます。

　それにより、心因性の頻尿など病気以外の頻尿の原因がつかめるかもしれません。泊まりのサービスを利用することによって、あなたが休む時間をつくることもできます。

薬剤師●頻尿の治療薬があります　頻尿の原因として、内服薬の確認や水分摂取状態などの評価が必要です。効き目に個人差はありますが、最近は排尿の間隔を長くするような薬もあります。

　また、睡眠薬を服用して数時間でもぐっすり眠れる時間がつくれれば、排尿の回数は減るかもしれません。

　ただ、転倒などの危険もありますから、かかりつけ医に相談してみてください。

介護経験者●協力してもらえる人を探しましょう　私の母も夜に何回もトイレに行きたがり、困った時期があります。私は妹と一晩ずつ交代でみていたのですが、それでも眠くてふらふらしながらトイレの世話をしていました。い

つまで続くのかと不安でしたが、なんとか乗り切ることができました。

　あなたもきょうだいなど協力してもらえる人がいれば、ぜひ交代してもらってください。

泌尿器科を受診してトイレの回数が減りました

　泌尿器科の受診や薬は考えていませんでした。認知症ではそんなものだ、周辺症状だと思っていたのです。

　父に「病院で薬もらおうか？」と声をかけたら、めずらしく素直にうなずきました。父もつらいのだと、恥ずかしながらやっと気づきました。膀胱炎で入院していたのに、困ることは何でもかんでも認知症のせいにしていたのです。

　近くの内科・泌尿器科のクリニックを受診しました。先生の前での父の神妙な顔に驚きました。要介護３でも、ちゃんとわかっているのだと、改めて気づきました。

　薬の効果なのか安心感なのかはまだわかりませんが、トイレの回数は確かに減ったと思います。私も、認知症の父への見方が変わりました。

＊看護小規模多機能型居宅介護：訪問看護と小規模多機能型居宅介護（通所・宿泊・訪問介護）を一体的に提供する事業所。

夫が道に迷うようになり不安です

　夫（75歳、要介護1）は、アルツハイマー病と診断されて7年がたちます。今年になって急に症状が進んだようで、道に迷うことが多くなりました。先日も私が目を離した間に出て行き、スーパーの駐車場にいるのを近所の人に見つけてもらいました。道端でぼんやり立っているのを、通所しているデイサービスの職員に気づいてもらったこともありました。私たちに子どもはなく、これからどうしたらよいか不安な毎日です。

医師●かかりつけ医に相談を　急に症状が悪化したときは、原因を知ることも大切です。環境の変化、持病の悪化なども影響します。

　かかりつけ医に相談してみてください。持病のコントロールで症状が改善する例もあります。

介護職員●在宅サービスを上手に活用　毎日心配のことと思います。行方不明を未然に防ぐには目を離すわけにいきませんから、奥さんが一人で支えるのには限界があると思います。ご主人には目的があって外出し、途中で忘れるのかもしれません。

　デイサービスの利用回数を増やしてみてはどうでしょう

か。職員が関わることでサポートできます。状態が悪化しているのなら、要介護度の見直しも可能です。

介護者●施設を探しましょう　7年も状態が安定していたのは、あなたの努力のたまものだと思います。

　でも、症状の進行やあなた自身の年齢のことなど考えると、施設への入所についてケアマネジャーに相談したほうがいいと思います。近くの施設なら、入所しても毎日会いに行くことは可能だと思います。

世話人●情報を得ることは安心につながります　認知症による行方不明を防ぐためにGPSの技術が注目されています。地域によって違いはありますが、徘徊する高齢者などの所在を検索できるGPS機器の支援サービスもあります。

　靴に取り付けるGPSなどもあります。外出する際に必ず履くよう玄関にはその靴だけを置くなどの工夫で、行方不明を防げるようです。

　地域によっては補助が受けられる場合もあります。市町村の役所に問い合わせてみてください。

ケアマネジャー●地域も巻き込んで見守りを　最近は特に徘徊が社会問題になっていることから、地域全体で予防に取り組んでいるところも増えています。地域包括支援センターや社会福祉協議会が中心になって、徘徊捜索ネットワークをつくっている地域もあります。

　担当の地域包括支援センターにご主人の状態を伝えて、利用できる取り組みやサービスなどが地域にないか、相談

してみましょう。

 世話人 ●遠慮せず早めの対応を　名前、連絡先を衣類や持ちものに記入しておくことは、身元がわかるものとして有効です。「もしかしたら……」と思ったら、すぐにケアマネジャーと警察に連絡し、捜索してもらいましょう。

その際、最近の写真を用意し、服装・容姿なども伝えます。よく行く場所や最近話をしていた場所、ご主人の思い出の場所など行きそうな場所も伝え、遠慮せずに近所の人にも協力を依頼しましょう。

命に関わる場合もあり、迷わず早めの対応が必要です。

そのあと どうなりましたか？

地域ケア会議で近所に理解が広がりました

ケアマネジャーに相談しました。GPS付きの靴を利用することにし、玄関にはセンサーを設置、服には名札をアイロンがけで付けました。

近所の人に話すのは不安で、何もできなくなった人だからと話しかけてもらえないのではないかなどと思い、抵抗がありました。ケアマネジャーと地域包括支援センターが連携して、個別の地域ケア会議が開催されました。私も近所の人といっしょに認知症サポーター養成講座を受講しました。

いまでは夫が出かけていると、近所の人にいっしょに歩いてもらったり、その人の家でお茶をごちそうになったり、家まで連れて来てもらったりするようになりました。

夫のいら立ちがひどく暴言があります。一息入れたいのですが……

　認知症で要介護1の夫（81歳）と二人暮らしです。夫は家庭のことを少し手伝って動いてはいますが、外部との接触はほとんどありません。息子と娘は結婚して遠方に住んでいるので、なるべく頼りたくありません。最近、夫はイライラがだんだんひどくなり暴言が出るようになりました。腰痛で動くのがつらい私に用事をいいつけては、文句をいいます。通所介護サービスを利用して一息入れたいのですが、嫌がりそうで心配です。

医師●ご主人のイライラには理由があります　認知症の進行に伴い、できていたことがだんだんできなくなると、不安や恐怖を感じて不穏になることがあります。

　ご主人のイラつきがひどくなっているのは、認知症が進行しているのが原因かもしれません。薬の調整も含め、かかりつけ医の受診をおすすめします。

介護家族●通所サービスを利用しましょう　腰痛があるのに、これまで一人で大変だったと思います。一息入れて安らぐ時間は必要です。

　希望でもある通所介護サービスの利用をおすすめします。最初は抵抗があるかもしれませんが、いろいろ工夫す

ればそのうちに行けるようになります。

　私の夫も初めは嫌がって困りましたが、数回いっしょに行くことで慣れてきました。知らないところに行くのが不安だったのでしょう。

介護家族●通所サービスには職員の力を借りましょう　私のところも数か月かかりました。デイサービスの職員がわが家を訪問して次第に顔馴染みになり、短時間の利用から始めることで行けるようになりました。うまくいく日もあればダメな日もありました。あきらめないでください。

ケアマネジャー●地域にある体操や教室に参加して気分転換を　地域包括支援センターは、認知症の介護相談はもちろん、健康体操や料理教室などの情報も提供しています。

　奥さん自身の気分転換のために、それらに出かけてみるのもよいと思います。様子を見ながら、ご主人の興味がありそうなものがあれば、誘っていっしょに行けるようになるといいのではないでしょうか。

看護師●時には奥さんのほうから離れましょう　二人だけでずっといっしょにいると、どうしても気づまりになると思います。

　デイサービスの利用に対してご主人の拒否感が強いようなら、奥さんのほうが息抜きに出かける方法もあります。自由な時間をもつ意味からも、たとえば腰痛を緩和するためにマッサージを受けてみるのもよいと思います。

世話人●子どもが認知症を理解するのは大切……　子ども
の世話になりたくない、迷惑をかけたくないという気持ち
はよくわかります。しかし、ご主人の病気（認知症）や二
人の暮らしの様子を子どもに知ってもらうことは大事だと
思います。

　奥さんから伝えるのが難しいなら、子どもたちにも受診
に付き添ってもらい、医師から話してもらうのもよい方法
かもしれません。

　また、「家族の会」のホームページを見て、認知症につ
いての知識や介護、「家族の会」の活動などを知ってもら
えれば、離れていても気持ちの上で応援してもらえると思
います。

そのあと どうなりましたか？

妻が腰痛で入院。夫は妻をねぎらい老健へ

　「イライラには理由があります」とのアドバイスに、私は落ち込みま
した。認知症によるものとの説明でしたが、私には不安や恐怖を感じて
いるとは思えません。わがままな勝手者のように思っていました。

　でも、私の腰痛が悪化して入院しなくてはいけなくなったとき、夫は
「世話をかけて悪かったな。早くよくなってくれ」と、文句もいわずに
介護老人保健施設（老健）に入所しました。

　老健では、若い頃によく吹いていたハーモニカをリハビリメニューに
入れてもらい、がんばっています。

　私も早くよくなって、また夫と暮らしたいと思っています。

お金にこだわる義母の対応に悩んでいます

　車いすの義母（87歳）に「孫にお祝いをしたいので、銀行に行ってきて」と依頼されました。記帳された通帳を見て「お金は何に使ったの？」と詰問します。頼んだことを忘れ、説明しても「あんたにそんなことを頼むはずはない」と納得しません。通帳に「孫のお祝い」と記入すると、「勝手におろして！　いままでも勝手にしてきたのか？」と直前の説明も忘れています。今後お金のことには関わりたくありません。どう対応したらよいでしょうか？

介護経験者●お金にこだわる気持ちを理解しましょう　私の姑もお金に対するこだわりが強く、困りました。でもあるとき、夫が子どもの頃に熱を出してもお金がなくて、病院にも連れて行けなくて困った思い出話を聞き、義母の気持ちが、少しわかったような気がしました。

　お義母さんのお祝いしたい気持ちは受け止め、出金するのは「あとで」とか「明日」などと先送りにして、うまくやり過ごせるよう工夫しましょう。

医師●同じ症状は長くは続きません　このような症状は、より身近な人に対してより強く出るものです。お義母さんは、あなたを頼っているのだと思います。

認知症の症状は半年か1年単位で変化するものです。説得や否定はこだわりを強めるだけで、かえって混乱を招く場合が少なくありません。お義母さんが安心できるようにもっていくことが、大切です。

世話人●お金に関することはご主人に頼みましょう　私も義母から泥棒扱いされ、つらい思いをしました。お金のことに関わりたくないと思うあなたの気持ちは、よくわかります。

　私は、義母からお金の話が出たときは夫に対応してもらうようにしました。お金のやりとりを夫に任せたことで、私に対するもの盗られ妄想はなくなりました。おかげで義母とのトラブルが減り、やさしく接することができるようになりました。

介護経験者●孫のお礼の動画を見せました　うちの場合も、孫への入学祝いはうれしかったのですが、お金を何に使ったのかをすぐに忘れてしまうので困っていました。

　そこで孫に、お礼をいっている動画を送るよう頼み、忘れるたびにそれを何度でも見せました。何度かくり返しているうちに、納得したのかいわなくなりました。

ケアマネジャー●とりあえず用立てておきましょう　残高が減るので不安になるのだと思います。日常的に必要なお金はそれほど大きな額ではないと思いますから、とりあえず用立てておき、通帳はお義母さんに預けたままにするのがよいと思います。

また、いまはまだ必要ないと思いますが、認知症などにより判断能力が十分でない人が利用できる成年後見制度や、日常生活自立支援事業（地域福祉権利擁護事業）という制度などがあることも、頭に入れておくとよいと思います。

気持ちを切り替えられました

　"つどい"終了後も同じような経験をした人たちに親身に話を聞いてもらい、「わかってもらえる人に出会えた。私だけではないんだ」と気持ちがとても楽になりました。

　そして、義母の言動をまともに受け取って落ち込んだり、正しいことを説明・説得しようとするのではなく、これが認知症の症状だと理解して、義母の気持ちに添うように、その場その場をうまく合わせるという術を教えていただきました。

　とりあえず立て替えて「お祝いしておきましたよ。喜んでお礼の電話するっていってましたよ。あの子の小さいときは……」などと楽しい話題に変えるようにしました。

　その一方で義母の金銭出納帳をつくり、領収書も貼り付け、後できょうだいトラブルなどが起こらないようにしました。

もの盗られ妄想に困っています

田舎で一人暮らしをしている母（78歳、アルツハイマー型認知症・要介護1）は、デイサービスに行くことが楽しみで、毎日利用しています。一方で、以前内職で使用していた台車を盗られたと思い込み、内職業者に毎朝夕「台車を返せ。ドロボー」と電話をして迷惑をかけています。台車は亡くなった父がつくったもので、探しても見つからず、代わりのものでは納得しません。電話をかけ続ける母をこのまま放っておくわけにもいかず、悩んでいます。

介護家族●不安を和らげる方法を考えましょう　認知症が進行し、一人で過ごす時間に不安が強くなり、以前生き生きと暮らしていた頃の、何でもできた自分とのギャップを感じての苦しみかもしれません。

お母さんの気持ちを考え、不安が和らぐように、少しの間でも同居することはできませんか？　難しければ、いっしょに過ごす時間を増やすことを考えましょう。

地域包括支援センター職員●認知症の症状を理解してもらいましょう　内職業者の人に、お母さんの言動が認知症の症状であると理解してもらうことも大事だと思います。

地域包括支援センターの職員に同行を頼み、いつまでも

同じ状況が続かないこと、説得や行動を止めることが困難なことなど、事情を説明しに行くとよいのではないでしょうか。

地域では認知症サポーター養成講座なども行っています。

看護師●専門医に相談しましょう　認知症の薬の変更や調整で、イライラして興奮することが減って穏やかに過ごせるようになり、もの盗られ妄想などの症状も改善されることがあります。

受診している専門医（神経内科など）に詳しく現状を説明し、相談することをおすすめします。

介護職員●思いを尊重しましょう　台車は亡くなったご主人の手製で、お母さんにとって何より大切な思い出のあるものだったのでしょう。写真などがあれば参考にして、なければお母さんの記憶を頼りに、もう一度つくってみることはできませんか。

思いを尊重することでお母さんの気持ちが変わり、落ち着いてくるかもしれません。

世話人●着信拒否をしてもらう　お母さんが内職でお世話になった業者を泥棒扱いしていることで、きっと肩身の狭いことだと思います。身内がもの盗られ妄想の対象になるのもつらいものですが、ほかの人に迷惑をかけ続けるのは確かに放っておけないと思います。

業者の人に、お母さんの電話番号を着信拒否設定にして

もらうことはできませんか？

介護経験者●地域の人たちに協力をお願いしましょう　もの盗られ妄想につながるようなきっかけに、何か思い当たりませんか？

　地域の民生委員や近隣の人に、お母さんのことで困っていることを相談し、普段の様子を気にかけてもらったり、困ったことはないかなどの声をかけてもらえないか、頼んでみましょう。

そのあと どうなりましたか？

話に同調すると興奮せずビックリ

　母から電話があったとき、話に同調して「そうか、そうか。それは困ったね」といいました。すると、以前はなかなか怒りがおさまらなかった母が、台車が盗られた経緯や台車と父のことなどを話し始めました。しばらく話を聞き「今日は暗くなったし、明日探しに行くから待ってて」というと、素直に聞き入れました。興奮せず、ビックリしました。

　「母の思いを尊重して」「不安だから」とアドバイスがありましたが、本当にそうなのだと、母の気持ちを思って涙が出ました。

　翌日はまた同じように、台車がないと電話がありましたが……。

2 人間関係 48歳・女性 長男の妻

家が子どもたちのたまり場になり、苦情が……

　離れて住む一人暮らしの義母（75歳）は、1年前に「アルツハイマー型認知症」と診断されました。現在は要介護1で週2回デイサービスを利用しています。社交的で子ども好きな義母は、近所の子どもたちにおやつを買ってほしがるだけ与えたり、求められるままにテレビゲームを購入して自由に使わせたりしているようで、最近は家が子どもたちのたまり場と化しているようです。近所の人や親御さんから苦情があり、対応に悩んでいます。

地域包括支援センター職員●子どもや親に認知症の理解を広めましょう　子どもや親御さんたちに、お義母さんが認知症であることを話して病気を理解してもらいましょう。
　地域包括支援センターでは、認知症サポーター養成講座を開いています。親子のグループや地域の人を対象にした講座の開催を依頼してみましょう。認知症への理解を広めるよい機会にもなると思います。

民生委員●顔の見える関係をつくりましょう　私たちの地域では、地域の人たちと地域包括支援センターとで定期的な会議を開いています。そこで、見守りや援助が必要な人に対して私たちができることを話し合っています。

顔の見える関係をつくって、お義母さんが子どもたちと楽しく過ごし続けられるよう、まず民生委員に連絡してみてください。

世話人●お義母さんの過ごし方を見直しましょう　きっとやさしいお義母さんで、子どもが過ごしやすい空間になっているのだと思います。

　でも少し行き過ぎもあるようです。ケアマネジャーと相談して、デイサービスの日を増やしたり、地域の認知症カフェやサロンに誘ったりするなど、社交的なお義母さんの楽しめる居場所が自宅以外にも増えるよう、プランの変更を検討してみましょう。

グループホーム職員●子どもが来るのを控えてもらうように頼みましょう　親御さんにお義母さんの状況を伝え、子どもに来るのを控えてもらうよう頼んでみましょう。責任を取ることができないような事態が起こらないとも限りません。

　本当のところ、お義母さんも子どもへの対応が難しくなり、困っているのかもしれません。

介護経験者●寂しい思いを理解しましょう　お義母さんは一人暮らしが寂しくて、近所の子どもたちを見るのが楽しみだったのかもしれません。

　私の場合、独居の父を自分の家に引き取りました。寂しさだけでなく、何かあるたびに近隣の人から電話がかかるようになり、一人でおいておけなくなったからです。

**ケアマネジャー ●一人暮らしの限界を見極めておくことも
必要**　お義母さんの生活の様子をよく観察して、地域で一
人暮らしをする限界を見極めておくことも必要です。

　私たちは一人暮らしの限界の目安を、失禁が始まった
り、火の始末ができなくなったりするあたり、と思ってい
ます。

　離れているだけに、ケアマネジャーや近隣とのコミュニ
ケーションをよく取っておくことが大切です。

そのあと どうなりましたか？

様子を見ていますが不安が……

　嫁の立場でもあり、まずは夫に相談して話し合おうとしましたが、夫
は「母が生きがいをもって子どもの世話をしているし、子どもたちは喜
んでいるのならいいじゃないか。やめさせるとかえって病気が悪くなる
かもしれないぞ。もうしばらく様子を見よう」と動きません。

　近所の人や親御さんの苦情も、よく聞くと認知症への理解が違ってい
る面があるようでした。

　しかし、理解してもらうための認知症サポーター養成講座の開催には
不安があります。それで本当に認知症への偏見や誤解が少なくなり、義
母を受け入れてもらえるのでしょうか。

実家で兄と二人暮らしの母のことで悩んでいます

　1年前に認知症の初期と診断された実母は、55歳の兄と二人暮らしです。最近、学生時代の友人から「お母さんが寒いのに薄着で、声をかけても気づかないみたいで無表情で歩いていたよ。それに前より痩せているように見えた」と電話をもらいました。兄は平日朝から晩まで仕事に出ています。私は兄とは仲が悪く「家のことは放っておいてくれ」といわれて、実家に帰れないでいます。私はどうすればいいのでしょう。

世話人●自分で確認してみましょう　お母さんのことが心配だと思います。お兄さんに「かまわないでほしい」といわれていても、お兄さんが仕事に行っている時間に実家に行くのは可能ではありませんか？

　自分の目で確かめることが大切です。人が見るのと自分で確認するのとでは、感じ方が違うかもしれません。お母さんと話をして、いまの暮らしをどう感じているのか、一人でいる時間が長くて寂しい思いをしていないかなど、聞いてみましょう。

介護経験者●あなたといっしょに暮らしてみては　うちの場合も同じで、日中一人で過ごしていた母はだんだん痩せ

て弱っていきました。兄夫婦は共働きで日中の見守りはできていませんでした。

　私は仕事をしていなかったので、引き取ることができないかと夫に相談し、いっしょに暮らすことにしました。デイサービスも利用し始めると、母に笑顔が見られるようになり、体重も増えて元気になりました。

　悔いの残らない介護ができてよかったと思っています。

世話人●地域で見守りをしてもらいましょう　実家の地域の民生委員に相談してみてください。近所の人に声をかけてもらえる環境づくりができれば少しは安心できるのではないでしょうか。

　お兄さんは仕事に出ていて、お母さんが昼間どのように過ごしているのかわからないのかもしれません。お母さんの様子が変わってきていることを民生委員からお兄さんに伝えてもらうことも一つの方法ですが、いっしょに住んでいるお兄さんに任せるしか仕方がないこともあります。

ケアマネジャー●行動を起こすことが大切　実家の近くの地域包括支援センターに相談してみるのはどうでしょう。専門家の目で確認してもらい、その上で必要ならお兄さんとの間に入ってもらって、兄妹で話し合うことをおすすめします。

　お兄さんと病気の認識に違いもあると思います。二人の共通理解が必要です。もしかしたらお兄さんも、大変な思いなのかもしれません。

医師●受診できる手段を考える　認知症の進行が考えられます。通院や服薬はできていますか？　いっしょに付き添って病院を受診してください。

　要介護認定を受けることで介護サービスが利用できます。医師に相談してください。

そのあと　どうなりましたか？

話し合うと兄も困っていました

　兄に何かいわれるのが怖くて自分では見に行けていませんでしたが、近所に住む友人のお母さんに思い切って相談し、見に行ってもらいました。「家のなかは荷物がいっぱいでびっくりしたし、季節に合わない服だったよ」とのことでした。

　心配な状況だったので叔父に相談し、同席してもらって兄と話し合いました。兄も困っていたことがわかりました。

　地域包括支援センターに相談に行き、要介護認定を受けてデイサービスに行くようになり、見違えるように元気になりました。

　"つどい"に行って背中を押されて前に進めました。

母との同居継続は無理でしょうか？

　82歳の母（アルツハイマー型認知症、要介護1）は、5年前に父が亡くなってから一人暮らしでしたが、もの忘れや火の不始末が始まり、1年前に私たち夫婦が実家に戻って同居しました。最近、母のもの盗られ妄想が激しくなり、「財布を盗られた」「この家を乗っ取られる！」と夫を疑っています。私は夫に対して気づかいもあり、母と別居しようか、それともどこかへ預けようか、などと考えています。

介護家族●もう少し様子をみませんか、いつまでも続きません　大変だと思います。私も姑のもの盗られ妄想、被害妄想、幻覚などで苦労しました。

　すぐに別居や施設へと結びつけずに、もう少し様子を見てみましょう。必ず状況は変わります。

世話人●ご主人の気持ちを確かめて　ご主人に同居を理解してもらえたのは感謝すべきことだと思います。現在のご主人の考えも聞いて話し合ってみるのもよいと思います。

　また、二人で"つどい"に参加して、ご主人にも経験者の体験を聞いてもらうことをおすすめします。

ケアマネジャー●思い切って入所も　要介護1では特別養護老人ホームへの入所はできませんから、入所ならグループホームやサービス付き高齢者向け住宅などになると思います。

　夫婦の生活を大切にするために、サポート方法の変更を考えてみるのも一つの方法だと思います。

介護経験者●サービス利用でストレスを少なく　二人の板挟みでつらいと思います。お母さんと離れて過ごす時間をつくれるように、ご主人もいっしょにケアマネジャーと介護保険サービスの利用を考えるのがよいと思います。

医師●症状は不安な気持ちの表れ　不安な気持ちが症状として表れていると考えられます。妄想は向精神薬でよい効果が得られることも多いので、かかりつけ医に相談してみましょう。

　また、認知症の症状として理解すると、介護する人の気持ちが楽になることもあります。

看護師●頼りにしている人に対して症状は強くでる　「家族の会」副代表の杉山孝博医師は「症状の出現強度に関する法則」（P68＊参照。認知症をよく理解するための9大法則・1原則の第2法則）として、「認知症の症状はより身近で本人が頼っている人に強くでる」と説明しています。

　いっしょに探すと安心が得られることもよくあります。置き場所を忘れることがもの盗られ妄想につながりやすいため、置き場所の工夫もしてみましょう。

介護職員●**お母さんにも役割を** 同居によってお母さんの役割や居場所がなくなっていませんか？ 見守りや声かけがあれば、まだできることがたくさんあると思います。

　お母さんの力に合わせてできそうな家事を頼み、感謝を表す場面をつくってみるのも効果的だと思います。

そのあと どうなりましたか？

できることを母にしてもらうようにしました

　母は急な同居で不自由だったと思います。家事を全部私がすることをやめ、野菜を切ったりお米を研いだり、できることをしてもらうようにしました。

　要介護2が出てからは、週1回のデイサービスが始まりました。まだ探し物はしていますが、いっしょに探すと出てこなくても落ち着くことが多くなりました。

　夫に気持ちを聞くと、母から疑われたことよりも私が母にきつくいっていることのほうが心配だったそうです。本当にやさしい人です。

　それから、"つどい"には夫といっしょに参加しています。

夫が誇りに思っている地域の役職をこのまま続けるかどう か……

　夫（70歳）は、退職後に地域の役職を引き受けて4年になります。最近、知人から約束の日時を忘れるなど、「おかしい」といわれたことから受診した結果、アルツハイマー型認知症の初期と診断されました。現在の役職が春に改選されますが、夫はすでに次期も内諾し、同じ役職に就くつもりでいます。このまま続けてよいものかどうか、悩んでいます。

世話人●できる力を活かして地域参加できませんか　心配なのはよくわかりますが、まだ初期です。もの忘れはあってもいろいろなことを判断したり、自分の意見を伝えたりできるのなら、このまま続けたらどうでしょうか。

　忘れてはいけない大事なことや約束の日時などは、こまめにメモをするなどの工夫で乗り切れませんか？

　「認知症になったから……」とご主人のできることをすぐに取り上げるより、社会とつながっているほうが生き生きと暮らせるように思います。

介護家族●辞退したほうがよいのではないでしょうか　私の夫も同じ認知症です。不動産業を家族で営んでいます。

夫は、お客さんの対応はきちんとしますが、諸手続きなどが抜け落ちてお客さんに迷惑をかけ、苦情をいわれたこともありました。

　あなたのご主人が、役職上の間違いなどで地域の人たちに迷惑をかけると、ご主人が責められてつらい立場になると思います。この際、辞退してはどうでしょうか。

　説明は、医師にしてもらうのがスムーズだと思います。

ケアマネジャー●関係者の理解を得てサポートしてもらいましょう　役職を続けるのであれば、関係者の理解やサポートが必要でしょう。

　ご主人の変化を指摘してもらった知人やほかの信頼できる人に病気のことを話し、続ける場合に協力を得られるかどうか相談してみましょう。病気のことを話すのは勇気がいると思いますが、思い切って話してみましょう。

　また認知症サポーター養成講座の開催をお願いし、地域の人たちに認知症の理解を深めてもらいましょう。

介護経験者●ご主人の意思を確認しましょう　役職を引き受けることをどう考えているのか、認知症という病気をどう受け止めているのか、今後どんな暮らしをしていきたいのかなど、この機会にご主人とよく話し合ってみるのがよいと思います。

　役職を引き受けたのは、ご主人なりの思いがあってのことかもしれません。奥さんが不安に思っていることもきちんと伝えて、相談してみてください。

医師●本人の意思を尊重し、やる気を維持できるよう対応しましょう　現段階では、ご主人の「次期役職を引き受ける」という意思を尊重し、やる気を維持できるよう、周囲の支えを得ていけばよいのではないでしょうか。

　アルツハイマー型認知症は、比較的緩やかに進行し、また本人の残存能力を活かすことは、症状の悪化を防ぐともいわれています。

　病気の進行状況により、名誉職（顧問や参与など）に代わるのも可能かと思われます。役職の引退時期は、医師とも相談するのがよいでしょう。

そのあと どうなりましたか？

地域の人に話すことにしました

　私自身が夫の病気を受け止め切れていないところがあります。まずは介護者である私が認知症とどう向き合えばよいか、考えました。グルグルと考えがめぐって結論が出ませんでした。

　「家族の会」支部に電話をしました。途中、こんなにがんばっている夫がなぜこんな病気になったのか……、と悲しくて泣いてしまいました。ずっと話を聞いてもらったことで、私の気持ちもだんだんと落ち着きました。そして私には聞いてもらえる人がいて一人ではないし、夫はもっと不安だろうからしっかりしなくては、と思えるようになりました。

　思い切って夫と話をしました。夫も自分の変化には気づいていて、周囲の人に助けてもらいながらもう少し続けたいとのことでした。その気持ちがわかり、地域の人に話すことにしました。

マンション隣人の力になれることはないでしょうか

　マンションの隣人は高齢夫婦で、身なりや行動からご主人は認知症のようです。廊下から階下にゴミやたばこの吸い殻を捨てるご主人に困っています。火のついた吸い殻もありました。頼んでもやめてもらえず、奥さんもお困りのようです。遠方に住む娘さんが来るのもときどきで、まだ話はできていません。管理人に相談すると、ほかにも苦情が来ているとのこと。火事にならないかと心配です。隣人として何か力になれることはないでしょうか？

ケアマネジャー●住民の皆さんに認知症を理解してもらいましょう　たばこの不始末は見過ごせないと思います。でも、なんとか力になりたいと思ってくださったことはとてもありがたいことです。

　いまや認知症は他人事ではありません。住民のみなさんに、自分事として考えて温かく見守ってもらえるよう、マンションの管理組合に事情を説明して、認知症サポーター養成講座を開催してもらってはどうでしょう。

　見かけた人がいっしょに吸い殻を灰皿に入れるよう声をかけるなど、認知症への理解が進んでほしいと思います。

地域包括支援センター職員●まずは地域包括支援センター

に相談しましょう　何か力になりたいというせっかくの気持ちを活かすためにも、一人で抱え込まずにほかの人の知恵も借りましょう。

　まず、地域を担当している地域包括支援センターに相談しましょう。隣の奥さんとお二人で相談に行くのもよいと思います。デイサービスなどを利用して、たばこから離れる時間を増やすことなどもできるかもしれません。

世話人●奥さんの話を聞きましょう　隣の奥さんは近所に迷惑をかけて気がとがめ、心細い思いだと思います。「できることはお手伝いしますよ」と声をかけると、奥さんはきっと安心でしょう。

　また、同じ悩みをもつ仲間に出会えるかもしれませんから、「家族の会」の"つどい"についての情報を提供するのもよいと思います。

看護師●たばこをやめてもらうことを考えましょう　ポイ捨てをやめてもらうことよりも、喫煙そのものをやめてもらうことを考えましょう。

　内服薬や貼り薬などを処方する禁煙外来がありますから相談してみてください。電子たばこで禁煙ができた例もあります。情報を伝えてください。

　また、たばこだけでなく、認知症についても受診をすすめてほしいと思います。

介護経験者●マンション生活は無理かもしれません　マンション住まいで火の不始末があり、苦情も出ている状況で

は、このまま住み続けるのは難しいかもしれません。

　窓口に相談したり、医療の力も借りてすぐに効果が表われることを期待したいところですが、たばこのような依存的な行動をやめてもらうのは簡単ではありません。

　すぐに効果が出ない場合には、取り返しのつかないことが起こる前に施設に入ってもらう必要があることも、それとなく伝えておいたほうがよいでしょう。

　私もつらいことでしたが、施設入所を選択したことがありました。

そのあと どうなりましたか？

隣はいつの間にか空室に……

　隣でたばこの騒動があったとき、ご主人を部屋に押し込んでドアの外でため息をついていた奥さんに、思い切って話しかけてみました。

　やはり認知症が始まっていたようです。ずいぶん努力したそうですが、ご主人はどうしてもたばこをやめないのだそうです。

　奥さんの気持ちがいくらか楽になればと思い、認知症サポーター養成講座を開いてもらえるよう管理人に相談してみました。迷った末に管理組合に提案したそうですが、合意は得られなかったと聞きました。

　その後も気にはしていたつもりですが、ある日気がつくと隣は空室になっていました。仕方がなかったという思いと役に立てなかったという思いとの間で、心の中に穴が開いたようです。

育児と介護を両立できるでしょうか

　私は5歳と3歳の子どもを保育園に預けて働いています。一人暮らしの義母（76歳）がアルツハイマー病と診断されました。介護保険は未申請です。義母は毎日、物がないなどと一人息子の主人に電話をしてきます。そのたびに主人や私が車で30分ほどかけて出向きます。主人は最近、義母との同居をいい始めました。そうなると子育てに介護が重なり、私は仕事を辞めなくてはなりません。経済的にも厳しい状況です。どうしたらよいでしょうか？

ケアマネジャー●まずお義母さんの気持ちを聞いてみましょう　同居するかどうかを決める前に、まずはお義母さんの気持ちを聞いてみましょう。

　不安な気持ちが解消できれば、案外一人暮らしが望みかもしれません。その場合には、お義母さんの一人暮らしを支えることを検討してみましょう。

　二人だけでがんばるのではなく、一人になる昼間はデイサービスを利用したり地域のサロンに誘ってもらったりするなど、お義母さんの不安を軽減する工夫をしましょう。

世話人●同居による介護はおすすめできません。ご主人と話し合いましょう　重い気持ちや日々の忙しさが目に浮か

びます。同居となれば、あなたの負担はますます増えるでしょう。同居による介護はおすすめできません。

　仕事を辞めなければいけないあなたの思い、子育てや生計、生活全般への影響など、あなたの本音を率直にご主人に伝えて、よく話し合ってください。

介護経験者●両立は工夫次第、同居してみては　私も３人の子育て中に、必要に迫られ同居した経験者です。

　一人息子としての愛情や責任を感じているご主人の気持ちを考え、同居してみましょう。お義母さんの認知症もまだ初期ですから、息子や孫たちと暮らすことで安心して落ち着くかもしれません。

　仕事も、たとえば小規模多機能型居宅介護のサービスを利用して、夕食後に帰宅してもらうなどすれば、続けられるのではないでしょうか。

保健師●同じ立場の人とつながりましょう　同居しダブルケア（育児と介護の同時進行）となると大変です。

　でもいまは、当事者が集まり、抱えている悩みを打ち明け合う座談会などを開催し、互いに共感し、励ましあう場を提供し始めた地域や、ダブルケア専門の相談窓口を設置した市町村などもあります。

　まだ少数ですが、自治体の支援も広がりつつあります。同じ悩みを抱える人とつながると、不安も軽くなるかもしれません。

男性介護者●介護はご主人に任せましょう　子育てと仕事

の両立だけでも大変なのに、介護まで引き受けるのはおすすめできません。

　わが家の場合、子育ては妻に任せて私が実家に戻り、母の介護を担いました。家族が別々に暮らすことが決していいとは思いませんが、大変な時期だけと割り切りました。

　休日には子どもとの時間ももてるように、また仕事も続けられるように、介護保険サービスをフルに使いました。夜の時間をいっしょに過ごすことで、母は安心していました。

そのあと どうなりましたか？

前向きな気持ちがもてました

　アルツハイマー病と診断を受けた途端に介護が必要になると思い込んで、私が不安になっていました。そして「同居しなければ……。育児が大変、仕事もある」と私だけが焦っていました。

　"つどい"で話を聞いてもらって、不安が少しだけ軽減しました。「義母も不安になっているのだ」「夫も大変なのだ」と捉え、「おばあちゃんが子どもたちを大好きで、子育てを手伝ってもらえるかもしれない」など、おかげで前向きな気持ちがもてました。

　夫や義母の気持ち、子どもたちのことも考えると、同居してもいいのかなと考えられるようになってきました。

私は33歳、母の介護と自分の将来で悩んでいます

　私は一人っ子で、家族は68歳の父（年金暮らし）と65歳の母です。母は脳卒中で入院中です。手足の軽いまひと、日時などがわからなくなる認知症のような症状もあります。いまは退院に向けてリハビリ中で、在宅生活のために要介護認定も申請中です。私には将来結婚を考えてつき合っている人がいて、仕事も続けたいと思っています。母は父に排泄の世話をされるのは嫌といっており、介護するのは私になりそうですが、先のことを考えると心配です。

介護者●家族でよく話し合いましょう　まず、できればお母さんも交えてお父さんとよく話し合うことをおすすめします。介護のことだけでなく、仕事のこと、結婚のことも含めて、あなたの思いを家族に率直に伝えましょう。

　お母さんの病気が家族のきずなを深めることにつながれば、と思います。

介護経験者●仕事と介護を両立する道もあります　私も30代の頃に認知症の父を介護しました。同じように絶対に仕事を辞めたくなかったので、介護休暇や介護休業の制度もめいっぱい使いました。

　いまは当時より、制度もずいぶん充実していると聞きま

す。勤務先に聞いてみてください。大変でしたが、父の笑顔が私の後押しになりました。

あなたの挑戦に心からエールを送ります。

看護師●不安を一つひとつ解決しましょう　お母さんの突然の入院、そして退院後のことを決めなければいけない状況にも追い込まれ、不安な気持ちはよくわかります。

でも、幸いお母さんは軽いまひのようですから、リハビリをがんばれば、トイレは自身で行けるようになるかもしれません。もう少し様子を見ながら、不安を一つひとつ解決していきましょう。

病院のソーシャルワーカーにも相談に乗ってもらえますよ。

ケアマネジャー●お父さんの出番です　お母さんに介護が必要な状況になっても、娘さんが一人で背負い込むことはありません。お父さんはまだ若く、年金暮らしとのことですから、ここはお父さんの出番です。

介護サービスも利用して、退院後のお母さんに合った支援を受けながら在宅介護すれば、徐々に落ち着いた生活ができるようになると思います。

医師●脳卒中の再発防止のため健康管理が必要です　幸い今回は軽い症状ですみましたが、お母さんは今後、脳卒中の再発を防ぐことが重要です。再発すると、より重い症状が出る可能性が高まります。

退院後もかかりつけ医をもち、服薬などの健康管理を続

けましょう。食事や運動など、生活の見直しも必要になってきます。

世話人●自分の人生を大切にしましょう　あなたがお母さんを心配している気持ちはわかります。介護も大事なことですが、あなたの人生はまだこれからです。ぜひ、自分を大切にして結論を出してほしいと思います。

　どんな結論を出しても、両親には受け入れられるはずです。親は子の幸せを一番に思っているのですから。

そのあと どうなりましたか？

病院で相談して心強くなりました

　母が入院中の病院の地域医療連携室で相談しました。さっそく、退院に向けたカンファレンスを兼ねて、両親、リハビリの先生も含めた話し合いの場が設けられました。

　私のおつき合いのことを、両親は大変喜んでいました。母はリハビリの先生から「自分でトイレに行くのをめざしましょう！」と励まされ、父も「娘に頼り切るのではなく、自分も気持ちを入れて、母さんとの生活を考える」と宣言しました。

　連携室の人にも「介護保険サービスの利用も含めて、いっしょに考えていきましょう」といわれました。今後に向けて相談できる人ができ、大変心強くなりました。

高齢の義父母にどのように 関わったらよいのか……

　85歳の義母は腰の圧迫骨折で入院中です。前からのもの忘れがひどくなり同じ話ばかりくり返します。なんとか歩けるようになり近く退院です。90歳の義父は畑仕事が生きがいですが、パーキンソン症状があります。杖をすすめても使わず、畦道で転びました。7人家族の家事は専業主婦の私が担っています。義父母への心配に子どもの受験も重なり、気持ちが沈んで抑うつ状態と診断されました。どうしたらよいかわかりません。助けてください。

世話人●きっと助っ人がいます！　大家族の家事、子どもの教育や受験だけでも大変なのに、さらに介護が重なっては、本当にどうしたらいいのかわからなくなってしまうと思います。

　でも大丈夫です。きっと助けてくれる人がいます。病院の相談窓口や地区の地域包括支援センターに相談してみてください。きっと親身になって相談に乗ってもらえます。一人で抱え込まないでください。

看護師●二人は認知症かもしれません。医師に相談しましょう　お義母さんは主治医に、お義父さんはかかりつけ医に相談してみましょう。

認知症と診断されれば、薬など医療の力を借りることもできます。あなた自身も介護への覚悟が決まるかもしれません。そのためにも、まず診断を受けましょう。

世話人●家族で協力し合いましょう　このままではあなたの病状の悪化が心配です。私もあなたと同じような状況でした。自分の病気のこと、介護が必要なことなどを家族で話し合いました。

　まず大事なのは、ご主人に協力してもらうことです。その上で、家事の分担も含めて家族全員で協力し合うことについて、よく話し合いましょう。

介護経験者●施設入所も考えましょう　あなた一人ですべて担うには負担が大き過ぎます。優先順位をつけて考えていきましょう。

　まずは、自分の病気を治すことを一番に考えましょう。お子さんも受験前の大切な時期です。自宅で介護ができる状況になるまで、義父母には施設に入所してもらうことも選択肢の一つだと思います。

　あなたや家族を最優先することを、二人にもきっと認めてもらえると思います。

民生委員●介護家族の交流の場に参加しましょう　「家のことを外で話すなんて恥」とは思わず、介護家族の交流の場に出かけて、いまのあなたの思いを話してみませんか。同じ思いの人がたくさんいます。

　介護者の交流の場に参加して人の話を聞いたり、話を聞

いてもらうことで気持ちが軽くなり、介護を続けることができたという人もいます。

話して気持ちは楽になりました

　同じ"つどい"に参加した人から手紙を支部にいただき、ご連絡をいただきました。私も同じ思いでしたので、何かほっとしました。

　「私も同じように大家族のなかで家事や家業を担っています。まだ嫁が介護するのは当たり前の地域で、施設入所なんてとんでもありません。

　家族で話し合ったらとのアドバイスもありましたが、私の場合、夫に話しても『お前が看たらいい』と相手にされません。もちろん、家のことを外で話せば『家の恥を話して』といわれ、小姑や親戚に知られたら大変なことです。

　でも行き詰まり、家族には別の用事といって"つどい"に出てきました。同じ思いをしている人がいることを知ってください。話してどうなるものでもありませんが、気持ちは楽になりました」

老老介護、子どももなく この先が心配です

　78歳の妻は長年、糖尿病を患っています。治療を受け食事にも気をつけてきましたが、徐々に悪化しています。4年前にアルツハイマー型認知症と診断され、要介護2です。週6日のデイサービスを利用していますが、在宅時はもの盗られ妄想、暴言、暴力があります。便失禁もときどきあります。できる限り私が介護したいと思いますが、きょうだいは高齢でほかに頼れる身内もなく、自分もいずれ介護が必要になるかもしれないなど、今後が不安です。

介護経験者●身体を休めることを考えましょう　糖尿病の食事療法など家事全般と介護で、疲れもたまっていると思います。疲れを取らないことには、在宅介護は続けられないと思います。

　私は、定期的にショートステイを利用し、自分の身体を休めるようにしました。それでも何度も「もう限界かな」と思うことがありましたが、なんとか在宅で看取ることができました。

ケアマネジャー●サービスを見直してみましょう　病状に進行が見られ、介護も大変になってきているように思えま

す。要介護2という認定も、奥さんの現状に合っていない
ように思われます。

　暴言や排便など、介護に手間がかかっていることをケア
マネジャーに伝えて区分変更を申請し、ショートステイの
利用を加えるなどサービスの見直しを依頼しましょう。

　一人で抱え込まないで、いまの大変な時期をうまく乗り
切る方法を相談していきましょう。

看護師●精神的に落ち着ける方法を　糖尿病の悪化につい
ても心配ですが、好きなものを食べられないことが奥さん
のストレスになっていませんか？　食事制限を緩やかにし
て精神的に落ち着ける方法を、主治医に相談することをお
すすめします。

　便のコントロールについては、薬の調整も必要かと思い
ます。訪問看護で日常的にフォローしてもらうこともでき
ます。

世話人●少し先の状況を見据えて準備しましょう　認知症
の介護は、ゴールが見えない気の休まらない日々です。少
し先の状況を見据えて準備しておくことが大切です。

　自分で介護したいという気持ちはよくわかりますが、施
設入所も考える時期が来ているのかもしれません。

**地域包括支援センター職員●不安なことを整理してみませ
んか**　今後に対する不安のなかには、経済的な問題なども
含まれているのではないでしょうか。一度、今後の生活を
どうしていったらいいのか、整理してみることをおすすめ

します。

　財産管理や解約、施設への入所の手続きなど、煩雑で判断に困ることの相談に乗ったり、代行する成年後見制度などもあります。

　具体的に相談することで不安が解消されることもあると思います。いつでも相談してください。

そのあと どうなりましたか？

男性介護者の会に参加すると妻の妄想も減りました

　"つどい"で相談したことをケアマネジャーに話したところ、男性介護者の会があることを教えてもらいました。参加してみると、同じような状況や、もっと苦労しながらも明るく笑い合っている、介護者のみなさんがいました。

　飲み会もあるからと誘われ、妻をショートステイに預ける段取りをしました。それもどうしたらうまくできるか、参加している人に教えてもらいました。

　いまの目標はこの飲み会への参加です。施設見学も始めました。私の気持ちが明るくなったからか、妻の妄想も減りました。

父が入院になっても頼る人がいなくて不安です

　アルツハイマー型認知症の実父は87歳、要介護3です。デイサービスやヘルパーを利用しています。先日、肺炎で入院しました。4人部屋でしたが、父は不安だったからか大声を出すなどして同室の人に迷惑をかけ、私は頭を下げ続けていました。夜中も病院に呼び出されました。家族は父だけで一人娘の私には頼る人もなく、心身ともに疲れ果てて体調を崩してしまいました。父には再度の入院もあるでしょう。どのように切り抜けたらよいのでしょうか？

介護経験者●無理をしないで　私も父が入院するたびに、どうしたら迷惑をかけないですむだろうかと悩みました。

　やむを得ず付き添い婦さんをお願いしたこともありますが、病院によっては家族でないと付き添いができないので、親戚と偽ってもらったこともありました。

　無理をしないでください。できることはしているのですから。

世話人●入院しないですむよう肺炎の予防策を考えましょう　お父さんの入院は大変だったと思います。私の父が肺炎で入院したとき、誤嚥性肺炎はくり返す可能性があると医師から説明を受けました。

それで再発を防ぐために、口腔機能向上サービスを実施しているデイサービスを利用しました。家では入れ歯を外すのを嫌がった父も、スタッフの言葉には素直に従い、洗浄剤につけることができました。

　口腔の清潔が保てるようになり、熱を出すことが少なくなりました。

訪問看護師●訪問看護による健康管理や在宅医療を利用しましょう　認知症があってもなくても、入院による環境の変化により、高齢者は一時的に精神や見当識が混乱する「せん妄」を起こしがちです。

　入院のリスクを減らすため、訪問看護による健康管理や、訪問診療、往診などの在宅医療についても、ケアマネジャーやかかりつけ医に相談してみてください。

ケアマネジャー●担当のケアマネジャーに調整してもらいましょう　介護保険の改定で医療との連携を強く求められるようになり、本人の心身の状態の情報を医療機関に提供することや、退院に向けたカンファレンスへの参加に関する評価が充実されました。

　入院中に病院の地域連携室の相談員や看護師、リハビリ担当者、医師などと連携することもケアマネジャーの仕事です。お父さんが安心して入院を続けられるよう、病院側と調整してもらいましょう。

ソーシャルワーカー●認知症ケアチームが配置されている病院もあります　原則として、入院中に家族が付き添う必

要はありませんが、病院側としては患者本人の安全やほかの患者のことを考えて、家族に対応を頼むことがあるのでしょう。

うちの病院では多職種による認知症ケアチームが配置され、認知症の悪化を予防し、身体疾患の治療を円滑に受けられるよう支援しています。どこの病院でも、認知症の人が安心して治療できるようになれば、と考えています。

そのあと どうなりましたか？

相談できると思うと気が楽になりました

入院したときはどこにも相談できず、急で初めての対応でもあり、何も考えられないまま、あわただしく病院に通っていました。

"つどい"で、病院側の対応の仕方や、多くの職種があって話をすれば相談相手になってもらえること、病気を防ぐ方法や認知症への対応など、さまざまなことを知りました。

どうしたらいいかと考えることは多く、不安や迷いはまだありますが、そう思ったときにはまた相談できると思うと、気が楽になりました。

私の体力が衰え、介護を続けられるか不安です

　77歳の妻はベッドを嫌がり布団で寝ています。毎日の上げ下げが大変で、私の体力に合わなくなっています。妻はアルツハイマー型認知症と診断され要介護2。口は達者ですが、家事は何もできません。私が調理も休み休みしていますが、床に落ちたものを拾うのさえつらい状態です。デイサービスは絶対に行きたがらず、私の睡眠は1日3時間ほどです。死ぬまで私が介護しようと思っていますが、妻を殺して私も死のうと思うこともあります。

ケアマネジャー●訪問系サービスの利用から　一人で何もかもするのは大変だと思います。デイサービスは嫌とのことですから、「健康チェックのために地域の高齢者宅を訪問している」などと説明をして、訪問看護から始めることをおすすめします。

　看護師と馴染みの関係になってから、ほかのサービス利用もすすめてもらいましょう。

施設職員●二人で施設で暮らしてみませんか？　ご主人が体調を崩すと困るのは奥さんです。自宅で暮らすのは限界と考え、介護付き有料老人ホームやケアハウスなどに二人で入居することを検討してみましょう。

ご主人は家事負担を減らし、元気を取り戻しましょう。奥さんのケアは介護職員に頼み、二人がちょうどいい距離感で暮らせるのがよいと思います。

介護者●大いに手を抜きましょう　私も妻の介護は自分の役割だと思い、がんばり過ぎて精神的に追い詰められていた時期がありました。

　介護を長続きさせるには上手に手を抜くことが大切だ、と先輩介護者から聞き、肩の力が抜けました。布団の上げ下ろしがつらければ毎日片付けなくてもいいし、料理も時には出来合いの惣菜を買ってもいいと思います。

　"男性介護者のつどい"にも参加してください。

世話人●ベッドの利用を検討しましょう　私の母もベッドを嫌がり、布団で寝ていました。

　私の腰痛が悪化したため、「高齢者に支給される」と母に説明し、母の前では利用料の話をしないよう介護用品事業者に頼んで、レンタルベッドを搬入してもらいました。

　使ってみると立ち上がりやすく、母も便利さを実感したようで、納得してベッドで寝るようになりました。

介護経験者●自分が壊れてしまう前に施設を利用しましょう　私もあなたと同じでした。母の介護を一人で抱え込み、夜も眠れなくなって疲れが取れず、現実から逃げ出すことばかり考えていました。

　いっそ母と二人で死んだら楽になるかもしれないと思っていたときに、「家族の会」編『死なないで！　殺さない

で！　生きよう！』（クリエイツかもがわ刊）の体験談を読み、同じ思いの人がいることを知って救われました。母は死にたいなんて思っていなかったはずですから。

　いま、母は特別養護老人ホームで暮らしています。くれぐれも身体を大切にしてください。

そのあと どうなりましたか？

訪問看護を利用し始めました

　私を支えてきた妻が発病し、今度は私ががんばる番だと決心しましたが、慣れない家事と介護でくたびれ果てていました。「一人で抱え込んでいてはダメ」との言葉が胸に響きました。

　ケアマネジャーに相談して、訪問看護の利用を始めました。看護師はやさしい人で、「ベッドのほうが立ち上がりやすいし、とっても温かいですよ」といわれて、妻はすんなりとレンタルの介護用ベッドを使うようになりました。

　近所にできた介護付き有料老人ホームの見学会にも行ってみようかと考えています。

怒られてばかりで、もう、どこかに行ってしまいたい！

　私は68歳で、アルツハイマー病（初期）と診断されました。介護申請はまだです。以前はやさしかった息子（働いている）に、ちょっとしたことで怒られることが多く、怖くて毎日、家のなかでビクビクしています。主人もいますが、耳が遠いことを理由にあまり口を出しません。嫁いでいる娘がときどき来ますが、家庭もあり子どもも小さいので、娘に世話をかけたくはありません。もう、どこかに行ってしまいたいと思っています。

認知症本人●"本人のつどい"に参加しましょう　認知症と診断されただけでも大変なのに、その上、毎日怒られてばかりでは本当につらいと思います。私も泣いてばかりいた時期がありました。

　でも最近では、認知症の人たちが集まる"本人のつどい"が開かれています。私は参加して同じ悩みを共有することができて、前向きな気持ちになることができました。

　あなたも近くで開催される"つどい"を探して、ぜひ出かけてみてください。

ケアマネジャー●いろいろな居場所があります　家族も、気持ちがふさぎ込んでいるあなたにどう接したらよいのか

戸惑っているのかもしれません。

　最近は、認知症カフェやサロン、体操教室など、いろいろな居場所ができています。そういうところに出かけて、あなたが明るく前向きになると、家族も対応が変わるかもしれません。

　民生委員のところに情報があると思います。

医師 ● **家族に病気を理解してもらいましょう**　家族に病気のことを理解してもらう必要があります。主治医の話なら、ご主人や息子さんに伝わりやすいかもしれません。

　あなたのつらい気持ちをメモに書いて主治医に伝え、病気のこと、あなたとの接し方、家庭の環境が大事であることなどを、家族に説明してもらってください。

地域包括支援センター職員 ● **地域包括支援センターに相談してください**　近くの地域包括支援センターに「叱られるので怖い思いをしている」と相談してください。訪問してもらい、家での様子を見てもらうのもいいと思います。

　いまのところ暴力にはおよんでいないようですが、将来、虐待につながる可能性もないとはいえません。すぐ相談したほうがいいと思います。

世話人 ● **息子さんと離れてみてはどうでしょう**　同じような話をよく耳にします。息子さんは仕事のイライラなどでついカッとなってしまうのでしょう。

　一時的にでも、息子さんに一人暮らしをしてもらうか、夫婦でケアハウスに移るなど、息子さんと別々に暮らすこ

とを考えてみてはどうでしょう。離れることで、お互い気持ちの切り替えができるかもしれません。

そのあと どうなりましたか？

認知症カフェに参加しています

地域包括支援センターに電話をかけてみました。数日後、わが家を訪問した担当者に、近くの認知症カフェやそのほかの集まりの場所、曜日などを教えてもらいました。

そしていま、近くの認知症カフェに参加しています。同年代の友達もでき、息子のことや主人のことも互いに話し合っているうちに、少し気持ちが紛れるようになりました。

家事もうまくできなくなり、息子に叱られることもありますが、地域包括支援センターの人が頼りになります。要介護認定も受けるつもりです。わからないときに相談できるところができてよかったと思います。"本人のつどい"にも参加してみます。

どうしたら気持ちのコントロールができるでしょうか

70歳でアルツハイマー型認知症、要介護1（サービス利用無）の母を自宅で介護しています。私は一人息子で独身（会社勤め）、父はすでに他界し、母と二人暮らしです。母は3年前からもの忘れがありましたが、最近は支離滅裂で暴言、攻撃的な言動が多く、私もストレスがたまって大声で怒鳴り、手をあげることもあります。冷静になると反省しますが、その場では怒りを抑えられません。どうすれば気持ちをコントロールできるでしょうか。

介護者●その場を離れるのがよいかもしれません　私もいま同じような状況で悩んでいます。腹立ち紛れに茶碗をいくつ割ったかわかりません。

怒りを沈める方法としては「深呼吸をする」「6秒間だけ我慢するとよい」などといわれます。私の場合は、怒りが爆発すると感じたら「その場を離れる」ことが一番有効なように思います。ぜひやってみてください。

看護師●かかりつけ医に相談しましょう　お母さんの受診に付き添い、最近の状態をかかりつけ医に相談してください。服薬が必要なのにきちんと服用できていなかったり、体調不良や便秘、睡眠不足などだったりして不穏になるこ

ともあります。

　仕事で平日に休みにくければ、お母さんのきょうだいなど親戚の人に協力を頼んでみましょう。

 介護経験者●お母さんは寂しく不安なのではないでしょうか　お母さんは、あなたが出勤してからの一人の時間が寂しくて、帰宅したあなたにそんな思いをドッと吐き出しているのではないでしょうか。

　これまでサービスは使っていなかったようですが、お母さんの気持ちをゆっくり聞いた上で、なんとかサービスの利用ができないか、ケアマネジャーに相談してみましょう。それがどうしてもうまくいかないのなら、在宅での介護はもう無理かもしれません。

 ケアマネジャー●あなた自身の人生も大切に　仕事と介護の両立は大変だと思います。それでもサービスを利用していないのには、よほどの理由があるのでしょう。

　在宅は限界と判断し、グループホームなどへの入居を考えましょう。あなた自身の人生設計も大事です。入居で気持ちにゆとりができ、やさしく接することができるようになる家族もあります。

 世話人●悩みを語れる場を多くもちましょう　あなたの気持ちを吐露する場所が必要です。"男性介護者のつどい"に参加してください。

　日頃のうっぷん、愚痴、つらさを吐き出してストレスの解消をしたり、男性ならではの悩みを語り合うことも、知

恵をもらうこともできます。

　また、お母さんが認知症であることを周りに知らせておくと、見守りや手助けをしてくれます。

暴言の原因は便秘でした

「その場を離れる」など教えてもらった方法を試してみましたが、うまくいきませんでした。

　母が叫んだ大声が近所に聞こえたのか、地域包括支援センターの職員が訪ねて来て、話を聞いてもらいました。認知症初期集中支援チームで対応してもらったほうがよいとのことで、専門の職員と面接し、認知症の専門医も受診しました。

　母の攻撃的な言動は、便秘で苦しいことが伝わらないことが原因だったようです。排便や薬の管理などができるよう、小規模多機能型居宅介護サービスの利用をすすめられました。認知症初期集中支援チームの職員に付き添ってもらい、母といっしょに見学しました。母は気にいって、利用を始めました。

自分の時間をもったことに罪悪感を感じています

　80歳の実母（要介護2）は、レビー小体型認知症と診断されて7年です。私は介護で母と同居するまで、日韓学生交流支援事業を主宰する主人とともに活動していました。最近の母は歩くときも支えが必要になり、夜間トイレに行く際に転倒して大腿骨を骨折、入院しました。その間私は7年ぶりに訪韓し、知人との交流を楽しみました。しかし母をおいて自分が自由にしている罪悪感に悩みました。今後、自分の時間をどう考えたらいいか悩んでいます。

看護師●お母さんの気持ちを聞きましょう　退院後の暮らしをお母さんがどう考えているのか聞いてみましょう。

　今後も、あなたの介護が強い望みかもしれません。でも、もしかしたら、あなたの負担の大きさに心を痛めているかもしれません。

　その気持ちを聞くことで、あなたの進む道も見えてくるのではないでしょうか。

介護経験者●夫の一言で前向きになれました　私も、実母を介護中に友人と出かけたり、自分だけが楽しむことに罪悪感を感じていました。

　その一方で、自分のやりたいことはがまんするのが当た

り前の暮らしが何年も続いて、精神的につらくなってきていました。

　そんなとき「君が元気でいることをお母さんも望んでいるはず」との夫の一言で、すべきことをしているのだから、自分が好きなことをがまんしなくてもいい、と思えるようになりました。

介護者●活動を再開することも考えては？　ご主人といっしょにしていた活動を7年間休み、お母さんに尽くしてきたのですから、これからはご主人との時間を大事にする生活に切り替えてもよいのではないでしょうか。

　ご主人は、活動を再開してほしいと思っても言い出せなかったのではないでしょうか。活動再開を前提にできる介護を考えてみることをおすすめします。

世話人●気持ちは変わるものです　デイサービスやショートステイに送り出した後にも罪悪感を感じた、という家族の話もよく聞きます。でも案外「初めだけでした」という人もよくあります。

　"つどい"に続けて参加し、いろいろな人の話を聞くうちに気持ちは変わるかもしれません。要は気のもちようではないでしょうか。

ケアマネジャー●施設入居も考えてみましょう　お母さんは、徐々に介護が必要な場面が増えていたのではありませんか。高齢ですから、骨折が治っても以前と同じようには歩けないかもしれません。施設入居も視野に入れて考えて

みましょう。

　お母さんを自宅で介護したいあなたの気持ちはわかります が、施設に入居したからといって、介護が終わるわけで はありません。これまでと違う形でお母さんといっしょの 時間をつくっていきましょう。

そのあと どうなりましたか？

介護と私たちの人生の両立に希望がもてました

　夫と話し合いました。「君が輝いているのを、お母さんはきっと誇り に思ってくれるはずだよ」との夫の言葉に励まされ、母とも話をしまし た。十分に理解できたのかどうかあいまいなところもありますが、母は 「留守のときは、ショートステイに行ってもいい」といいました。

　また、退院に向けたカンファレンスで、「しばらく介護老人保健施設 を利用してはどうか」という提案も受けました。母が安全に過ごせる環 境を維持することと、私たち夫婦の人生を大事にすることは、両立する かもしれないと思えるようになりました。

　これからも「家族の会」で力をもらいたいと思います。

尿もれの対応で困っています

　2年前にアルツハイマー型認知症と診断された義母（84歳、要介護2）と同居しています。最近、義母は尿もれをしてしまうようで、汚れた下着をタンスや布団の間などに隠すようになりました。しかし聞くと「私じゃない。知りません」と怒ります。隠してある下着が見つかればこっそり洗濯をしていますが、部屋のなかが臭くてたまりません。紙おむつをしてほしいのですが、プライドの高い義母を説得することは無理です。どうすればよいでしょうか？

医師●まずは原因をつきとめましょう　尿もれは「加齢とともに誰にでも起こり得る」ことですが、病気が原因の場合もあります。治療すれば治るものもありますから、まず「泌尿器科」を受診してみましょう。

　病気でなければ、「足腰の衰えでトイレに行くまでに時間がかかる」「下着を下ろすのに時間がかかる」「立つ・座るの動作で腹圧がかかりもれてしまう」「トイレの場所がわからない」などの原因が考えられます。

　日常生活を注意深く観察し、原因を突き止めましょう。

看護師●失敗を責めないで　失敗を恐れて水分を制限すると脱水となり、脳血栓・心筋梗塞などのリスクも高まりま

す。夏でも冬でも、水分はしっかり取りましょう。

　時間を見て、トイレに行くよう「声をかける」のはどうでしょうか。失敗を責めたり問いつめたりしてプライドを傷つけないようにしましょう。たとえ失敗しても、さり気なく対応できるとよいと思います。

世話人●下着を隠さなくてもいい工夫を　汚れた下着隠しや臭いには、私も苦労しました。お義母さんには、失敗してしまったことに「なんで私が……」「恥ずかしい……」という思いがあるのでしょう。

　私の母は、こっそりトイレで洗って、そのまま流れて詰まってしまったこともありました。そこでトイレの隅に小さなバケツを置き、私のパンツを入れておいたところ、母も抵抗なくパンツを入れるようになりました。隠さなくてもいいと思えたのだと思います。

介護経験者●割り切りましょう　「汚れたら洗濯したらいい。いまの状況はずっと続かない」と、発想を転換して自分の気持ちを切り替えられたら、少しは楽になるのではないでしょうか。

　入浴の回数を増やして清潔を保ち、臭いの解消を図ることも、発想の転換の助けになると思いますよ。

介護職員●紙パンツをはいてもらう工夫を　デイサービスを利用中なら、ぜひスタッフに相談してみてください。

　私のところでは入浴するときに、ほかの人も紙パンツをはいているのを見てもらっています。いまは「かっこいい」

紙パンツもあります。紙おむつとはいわずに「あったかパンツ」と呼んでいる人もいます。

　ズボンの下にすぐ紙パンツが見えるのが嫌だという人には、紙パンツの上にショーツをはいてもらったら抵抗がなくなりました。

　馴染みのスタッフのすすめにすんなり応じる例もあります。説得より納得です。

デイサービス職員のすすめにすんなり応じました

　義母はプライドが高いので、特にトイレについては本人の尊厳を大切にしなければならないことがよくわかりました。そして、デイサービスの入浴時、スタッフに「あったかパンツをはきましょうね」とすすめてもらったら、うまくいきました。義母も気に入ったようで、すんなりはくようになりました。

　私に、なんとかしなければと焦って義母を責める気持ちがあったのでしょう。「汚れたら洗濯したらいい。いまの状況はずっと続かない」と発想を転換できて、気持ちが楽になりました。

　義母のタンスのなかの下着も整理してみようと思っています。

これからのことを自分で決めたい

　私は30歳頃に仕事のストレスから統合失調症を発症し、入退院をくり返しました。数年前から内服薬で病状は落ち着いています。日常生活は一人でしてきましたが、最近もの忘れが気になり受診して、アルツハイマー型認知症と診断されました。両親は亡くなり、きょうだいや頼れる親戚もなく、将来が心配です。今後一人暮らしが難しくなれば施設に入るとしても、自分のことは自分で決めたいと思います。どう暮らしていけばいいでしょうか。

認知症本人●自分のことは自分で決める　これからの暮らしを自分で決めたいという意見に感動しました。やはり、自分で決めることは大事だと思います。

　施設で暮らすことも考えているのなら、まずは自分の得意なことを活かしてボランティアをしてみませんか。私は車いすの修理や点検のボランティアをしています。施設のスタッフと話をしていると、その施設の雰囲気もわかり、施設探しの役に立つと思います。

　ボランティア先は、社会福祉協議会等のボランティアセンターに相談してみましょう。

ケアマネジャー●将来のために情報収集を　いますぐに

サービス利用が必要な状態だとは思いませんが、在宅でサービスを利用するか、安心して暮らせる施設を探すかなど、将来のために情報を集めておくことも安心につながると思います。

世話人●仲間と話しましょう 同じ病気をもつ仲間と話をする"つどい"に参加してみませんか。つながることで新たな目標ができたり、いっしょに活動する場を紹介してもらったり、暮らしに必要な情報が得られると思います。

専門医が参加する"つどい"も増えていますから、そこで気軽に相談してみましょう。

地域包括支援センター職員●自分の生活スタイルを続けるために相談しましょう 「障害福祉サービス」が利用できる場合があります。また2018年4月から、高齢者と障害児・者が同一の事業所でサービスを受けられる共生型サービスが実施されています。

一度、市町村の障害者担当窓口に相談に行き、自分の生活設計について相談してみませんか。サポートする人や施設を紹介してもらえます。その際、あなたがどうしたいのかをしっかり伝えましょう。

介護経験者●認知症のことを学びましょう これからの暮らしのことや認知症のことを相談できる人が身近にいないのは、不安だと思います。

私の夫も、あなたと同じ年齢で診断されました。認知症のことがわからず、初めは夫婦ともども不安でいっぱいで

した。

　研修会に参加したり、著者が当事者の本を読んだりして認知症のことがわかってくると、少しずつ不安は和らぎ、安心できました。

　まずは認知症を知ることから始めてみませんか。

制度や相談先がたくさんあるとわかって安心

　診断を受けた後は何もしたくない状態でした。アドバイスでいろいろな制度や選択肢があることを知り、一つひとつ確認しました。

　以前からの病気や認知症もあり、十分考えられず決められないこともあります。ただ、相談先や制度がたくさんあることがわかってほっとしました。

　教えてもらった内容をメモして、役所の障害者担当の窓口にもって行きました。

　できることを続けられるよう、これからも"つどい"への参加を楽しみにしたいと思っています。

このままサービス付き高齢者向け住宅に両親を住まわせてよいものか、迷っています

　両親はともに80歳代、田舎暮らしでした。数年前に母がアルツハイマー型認知症と診断され要介護1になりました。老老介護が不安でしたが私は仕事が多忙なため、両親は私の住む町のサービス付き高齢者向け住宅に転居しました。しばらくして母が脱水で1週間入院し、父も受診すると軽度の認知症でした。2人兄妹の妹は結婚して遠方で子育て中です。入居時は両親の終の棲家として大丈夫と思いましたが、いまの2人を見ていると先が心配です。

認知症本人●ご両親の気持ちを聞いてみましょう　ご両親の暮らしが落ち着かず、心配なのもよくわかります。ここで一番大切なのは、ご両親がどのように暮らしたいか、ということだと思います。

　周りはよいと思っても、本人の気持ちに添わないとよい方向に行かないこともあると思います。ですから私は、自分の「こうしたい」という気持ちを聞いてもらうようにしています。

介護経験者●もう少しそこで暮らしてみませんか　サービス付き高齢者向け住宅には、必須のサービスとして生活相談と安否確認はありますが、介護がついているわけではあ

りません。

　私の父は、初期には併設事業所のサービスを少し利用すれば暮らせました。しかし要介護3を超えた頃から、利用するサービスの増加で費用が大きくなったため、特別養護老人ホームに移りました。

　ご両親のいまの要介護度なら、もう少しそこで暮らしてみてもよいと思います。

ケアマネジャー●契約内容をもう一度確認しましょう　ご両親の暮らし方について、ケアマネジャーにも相談してみましょう。契約時の説明の確認も大切です。看取りの時期までどんなふうに暮らせるのか、具体的に契約内容を確認してください。

　ご両親にとっては、慣れない地域での暮らしが不安なのだと思います。忙しいでしょうが、面会に行く機会を増やしましょう。

世話人●別の施設に移ることも考え、いろいろな話を聞いてみましょう　介護が急に身近な問題となり、戸惑いや不安が大きいと思います。

　私の場合は、帰省するたびに母のもの忘れが気になってはいたものの、相談できる人もないまま対応が遅れてしまいました。"つどい"で出会った先輩介護者の体験やいろいろな施設があるとの助言が、具体的でとても参考になりました。

　ご両親もあなたも安心して暮らせる施設に移ることを検討してみてもよいと思います。

医師●二人に医療のサポートを　ご両親そろっての介護は大変だと思います。

　お父さんは生活環境が変わったことで一時的に認知症のような症状が出ているのかもしれません。お母さんには脱水の原因になる疾患があるのかもしれません。

　高齢のご両親の安心のためにも、医療面でのフォローが必要だと思います。

そのあと　どうなりましたか？

施設と話し合い、サービスも変更しました

　話し合いが必要と考えて、施設の管理者と面談をしました。母の脱水の兆候を見過ごしていたのではないか、父の様子の変化に気づいていたのかなどの疑問のほか、施設の医療体制や介護状況を聞きました。

　両親は自立している面が多く、見守りが不十分だったことについての謝罪と、今後の対応について説明がありました。施設としても両親のケアについての検討が終わり、私に説明しようと思っていた矢先だったとのことでした。

　医師の往診は2週間に1回ですが、定期的に看護師も訪問する定期巡回・随時対応型訪問介護看護のほうに、サービスを変更しました。

一人暮らしの母との同居は難しく、いずれは施設入居を考えています

　アルツハイマー型認知症と診断された母（83歳、要介護2）が実家で一人暮らしです。専業主婦として家を守り地域でも世話役をしてきましたが、最近は洗濯や掃除、食事の準備などができなくなってきました。毎日2回のヘルパー利用でなんとか生活は維持していますが、不安なのか毎日のように遠方に住む私に電話をしてきます。いずれは施設入居と考えていましたが、自分のことができるいまのうちに入居するほうが母にとって幸せでしょうか。

世話人●介護保険の制度が変わります　お母さんにとってはヘルパーが頼りなのだと思います。

　2018年の介護保険制度の改正で、ヘルパーの生活援助が月34回を上回るケアプランは、市町村に届け出ることが義務付けられています。場合によっては、利用回数の削減もあり得るようです。

　お母さんに必要なサービスが継続して使えるよう、ケアマネジャーにしっかり依頼しましょう。

民生委員●地域での見守りを増やしましょう　ヘルパー利用ですから介護保険にはつながっていますが、お母さんの不安が少しでもやわらぐように、民生委員に相談して地域

の顔馴染みの人や郵便配達の人などに声をかけてもらうようにしてはどうでしょう。

　見守る人が増えることで、お母さんの安心につながるのではないかと思います。

介護者●相談して入居を決めました　離れて暮らすお母さんが心配になる気持ちは、よくわかります。なんとか暮らせているようでも、毎日のように電話が来るのは、一人での不安がかなり強くなっているのではないでしょうか。

　私の母も身の回りのことはできていたのですが、よく話し合った結果、サービス付き高齢者向け住宅に入居しました。いつも周りに人がいることで不安がなくなったのか、穏やかに暮らす母を見て、これでよかったのだと思っています。

ケアマネジャー●介護サービスの種類を徐々に増やしていきましょう　お母さんが、家を守ることを自分の役割と考えているとしたら、すぐに入居を納得してもらうのは難しいかもしれません。デイサービスを利用して、外に出て他者との関わりをもつ機会をつくっていきましょう。

　また、いきなり入居ではなく、ショートステイを利用して、泊まることに徐々に慣れてもらうことも必要だと思います。

介護経験者●地域の情報を確認しましょう　帰省の際に、お母さんと認知症カフェに行ってみませんか。また、"つどい"に参加して同じ経験者から話を聞くことも有意義で

す。情報も得られます。

　お母さんの居住地域の社会資源も調べてみてください。

そのあと どうなりましたか？

グループホームへの入居を決めました

　翌月の"つどい"で、同じように遠距離介護をしている人から声をかけられました。

　その人のお母さんは、グループホームに入居してとても元気になったとのことでした。入居で頬がふっくらしてきたそうで、それまで痩せていたのは食事がきちんと取れていなかったからとわかったそうです。調理をしたり洗濯物をたたんだりして生き生きと暮らしている、と聞きました。

　入居は、まだいろいろなことができるうちがいいという話でした。その人のお母さんも「何もできなくなったことが不安だった」と職員に話していたそうです。

　それで私も、母のグループホームへの入居を決めました。

子どもと母の世話で疲れ果てています

　同居している56歳の実母（要介護2）は、若年性アルツハイマー病と診断され、仕事を辞めて家で何もせずに過ごしています。自発性が低下し、何事も私が声をかけないと動きません。居場所になればと介護保険のデイサービスも考えましたが、母の親世代の人たちばかりで、母も行きたがりません。私は子どもと母の世話で心身ともに疲れ果て、日中だけでも離れられればと思うのですが、どうしたらよいでしょうか？

介護職員●お母さんに合うデイサービスを探しましょう
私が勤めているデイサービスでは、家族や本人の希望に合わせて洗濯物をたたんだり湯呑を洗ったりする作業をしてもらっています。

　デイサービスを利用し始めた頃は「娘が勝手に決めて」と怒っていた若年の利用者が、作業の合間にお年寄りの話し相手をするようになることもよくあります。

　ケアマネジャーといっしょに、お母さんが馴染めそうな事業所を探してみましょう。

世話人●がんばり過ぎないでください　子育てとお母さんのケアの両立は、本当に大変だと思います。お母さんをな

んとかしたいとの気持ちはわかりますが、子どもと関わる時間はもてていますか。

　お母さんの居場所としてグループホームに入居し、ケアの専門職に任せることを検討してみませんか。あなたの身体や子どものことを一番に考えてください。

介護経験者●障害福祉のサービスを検討しては？　私の母は「仕事がしたい」といっていたので、共同作業所（就労継続支援Ｂ型事業所）に通うため、障害支援区分の認定を受けました。若い世代といっしょに作業ができるので喜んでいました。

　市町村の障害福祉担当窓口に相談してみましょう。認定されれば、移動の支援も利用でき、買い物や散歩、映画館など、お母さんが行きたい場所にヘルパーが同行します。

　それらによって、出かけてみようという動機づけになればと思います。

看護師●認知症以外の原因も考えてみましょう　自発性が低下し、外に出る気になれない原因は認知症だけではないかもしれません。更年期障害の症状や、うつ病、身体疾患が隠れていることもあります。

　ほかに原因があれば、治療によって改善することもあります。一度、医師に相談することをおすすめします。

地域包括支援センター職員●認知症初期集中支援チームがあります　医療や介護の専門職が協力して関わり、お母さんにサービスを利用してもらえるように支援する認知症初

期集中支援チームがあります。

　現状を地域包括支援センターに相談しましょう。あなたの力になるはずです。

母は作業所に通い始め、楽しそうです

　子育て中の私にとっては家族が一番といわれたことに、救われました。

　母にほかの病気がないかどうか受診しましたが、幸い身体には異常がありませんでした。さっそく役所に行って相談し、障害支援区分の認定を受け、共同作業所に通うようになりました。

　現在は移動支援のヘルパーに作業所まで連れて行ってもらっています。母にとっては子どものような若い人たちといっしょに簡単な作業をしているようですが、みなさんから慕われて楽しそうです。

　ここに通うのも限界があると思いますが、私にとっては次のことを考えるよい期間になっていると思います。「家族の会」ホームページの若年期認知症の人への支援制度はとても参考になりました。

＊「家族の会」ホームページの若年期認知症の人への支援制度を参考にしてください（http://www.alzheimer.or.jp/?page_id=5329）。

遠方に住む母、一人暮らしの限界？

　母は80歳、要介護2。デイサービスとヘルパー利用でなんとか生活しています。もの忘れがひどくて金銭や服薬の管理も難しいため、一人暮らしは限界かもしれません。私は月に1回様子を見に行くのが精一杯。近くに住む兄夫婦は嫁姑の関係が悪く、母には近づきません。引き取り同居は無理です。施設を探すにはいつでも会いに行ける私の近くか、母の地元のどちらがいいでしょうか。経済的には年金15万円とわずかな蓄えと小さな家だけです。

ケアマネジャー●もう少し一人暮らしの可能性を探ってみては？　心配なことだと思います。でも、身の回りのことができているのなら、もう少しの間、一人暮らしが可能ではないかと思います。

　ケアマネジャーに小規模多機能型居宅介護施設の利用を相談してみましょう。服薬管理など、日常生活上の困りごとに柔軟な対応が可能です。通い（デイサービス）と訪問（ヘルパー）で顔馴染みの同じスタッフが対応しますから安心感もあります。

　苦労も多いとは思いますが、お母さんの気持ちを大事にして考えてください。

介護経験者●お母さんの地元の施設を考えましょう　お母さんは小さい頃からずっといまの地域に住み続けてきたのでしょうか？　だとしたらそこを離れると、言葉の違いによる話しにくさや習慣の違いなどで、孤独感に襲われるかもしれません。

　あなたは大変とは思いますが、お母さんにとってはいま住んでいる地域のグループホームか、低額の介護付き有料ホームで暮らすのがよいと思います。

　私の場合、グループホームに入居し、家を処分して費用の不足分の補充としていました。

介護家族●あなたのお近くの施設を探しましょう　お母さんの意向が第一ですが、「いまのままここで生活したい」といわれても、認知症の人の場合はただちに「そうしましょう」といえず、長い目で見て判断したほうがいいこともあります。

　あなたの近くの「ここなら」と思う施設を選ぶのがよいと思います。認知症の人は環境が変わると症状が悪化することがあるといわれますが、仲間ができたり、あなたが頻繁に会いに行ったりすることで安心し、「娘の近くでよかった」と思ってもらえるかもしれません。

医師●家を守ることが精神的な負担になることもあります　認知症の進行だけでなく、お母さんを取り巻く環境について総合的に考えてみましょう。

　まずかかりつけ医に、医療面から独居が困難と思われる病状がないか尋ねてください。

また、「家」は大きな心の拠りどころである一方で、「家を守る」ことが精神的な負担になっている場合もあります。施設入居をすすめ、負担を減らすことが必要なこともあります。

世話人 ● できる範囲でお兄さんにも関わってもらいましょう　お兄さん夫婦とお母さんの関係、心が痛みます。でも、お兄さんにも「できる範囲でいいから」と協力を頼んでみましょう。施設に入ることが決まったときや、蓄えがなくなったときなど、今後お兄さんとあなたが話し合って決めていかなければならないことがあるはずです。

そのあと どうなりましたか？

遠くの親戚より近くの他人でした

　その後「要介護2では特別養護老人ホームには入れない」とも聞きショックで、ケアマネジャーに相談に行きました。私があまり相談していなかったため、母がいろいろなことができなくなっていることは見えていなかったようでした。

　お金の管理は日常生活自立支援事業で、服薬は薬剤師の訪問とデイサービスで、食事も配食サービスやデイサービスで持ち帰りの食事もあり、利用するようにしました。

　兄との修復は難しいと思いますが、ケアマネジャーにきちんと説明していなかったこともよくありませんでした。遠くの親戚より近くの他人でした。困ったらきちんと相談しようと思います。

特別養護老人ホームに移るべきか悩んでいます

　80歳の母は認知症で独居生活が困難になり、5年前にグループホームに入居しました。当時は要介護1で、調理の手伝いや洗濯物を干すなど生き生きと暮らしていました。要介護4になった現在、歩けますが自分で食べようとせず、日常生活すべてに介助が必要です。最近、同じような状態だった友人のお母さんの特別養護老人ホーム（特養）への入所を知りました。母とは会話にならず思いは聞けませんが、今後は特養のほうが暮らしやすいのではないかと悩んでいます。

世話人●大事なのはお母さんの様子です　私も、できることがだんだん少なくなる母を見ているのがつらかったことを思い出しました。

　大事なのはお母さんの様子です。まずは、いまのお母さんが気持ちよく暮らせているかどうか、様子をよく見ることをおすすめします。その上で、どこで過ごすかを決めるのがよいと思います。

グループホーム職員●グループホームによって重度化に対する考えは違います　グループホームにも、地域の医療機関と連携して看取りまでしているところや、認知症はあっても活動的に暮らせる人たちが住まう場と位置付け、状態

が進行すると住み替えをすすめるところなど、さまざまな考え方や対応があります。

　いまのグループホームのスタッフとよく話し合ってから考えてもいいのではないでしょうか。

看護師●特養は介護の必要度の高い人に向いています　特養は医療的なサポートの面ですぐれています。お母さんは自分で身体の不具合を訴えにくい状態と考えられますから、異常の早期発見が重要だと思います。

　健康管理という面から考えると、今後の生活の場としては特養も十分検討に値します。

　心身の状態の変化にしたがって環境を変えることも必要だと思います。

生活相談員●特養には費用の軽減制度があります　経済的な面から見ると、特養は食費や部屋代などに所得に応じた軽減制度があります(*)。年金額や貯蓄額によりますが、グループホームより利用料が安くなる場合もあります。

　今後のお母さんの生活を考えるとき、穏やかに安心して過ごせるという面とともに、経済的なことも考慮に入れる必要があるかもしれません。

介護経験者●グループホームで看取りをしました　私の母は、最期に近づく頃は食べられませんでしたが、高カロリーゼリーなど食事の工夫をしたり、ていねいに身体を拭いてもらったりしました。訪問看護も利用できる体制がとられており、往診医もいて、グループホームで看取りがで

きました。

　母は馴染みの人たちに囲まれ、最後まで幸せだったと思っています。

そのあと どうなりましたか？

笑顔を見てグループホーム継続を決めました

　母はどこで暮らすのがいいのか、母の顔つきで考えようと思い、グループホームの母に会いに行ってきました。ちょうど居合わせた管理者に聞いてみると、最期まで過ごすことができるホームでした。経済的には母が100歳まで生きても大丈夫です。

　母は、好きなスタッフに声をかけてもらうと、うれしそうな表情になります。隣の人がうたう歌が聞こえると、口が動いていました。母の居場所はここでいいのだと思いました。

　何もできなくなった母を私が受け止め切れていなかったのかもしれません。悩みましたが、母の笑顔で決めました。

＊市町村民税非課税世帯の人であれば、申請することで、介護保険負担限度額認定証の交付を受けることができ、特別養護老人ホームなどの食費や部屋代の負担軽減が受けられます。2015年8月からは、預貯金等の資産の額が単身者は1,000万円以下との要件が追加されるなど、規定が変更されています。

4 サービス利用について 〔 79歳・男性　夫 〕

デイサービスを利用したいが……

　78歳の妻は認知症の症状が現れて4年半、3年前にはアルツハイマー型認知症と診断されました。最近もの忘れが多くなり要介護1になりましたが、デイサービスの話はできませんでした。子ども二人は県外で、夫婦二人暮らしです。先日、私が目を離した隙に一人で出かけ、救急車で病院に運ばれました。一人にできず、意を決してデイサービスの利用をすすめましたが、頑として受け入れません。妻は気位が高く、他人からの指示を嫌がります。

世話人●子どもに協力を求めましょう　もの忘れが多くなるのは心配だと思います。ご主人のいうことを聞き入れないということですが、子どものいうことならば聞き入れるかもしれません。

　娘さんや息子さんの帰省の折りに、デイサービスの利用をすすめてもらうのはどうでしょうか？

医師●気位の高い性格に合わせて　かかりつけ医からデイサービスの利用をすすめてもらったほうが、奥さんも受け入れやすいと思います。気位の高い人は、身近な人にいわれると反発しがちです。

　また、奥さんの性格に合わせて「これはどうしたらいい

かなあ」と相談をもちかけるようにしてみましょう。頼られていることで機嫌をよくしているときに、施設見学などをすすめてみてください。

介護者●気持ちにゆとりを持つ工夫を　あなたのがんばりはよくわかります。でもがんばり過ぎて気持ちに余裕がなくなって、デイサービスに追いやるような言い方になっていないでしょうか。

　同じ男性介護者の"つどい"に出て、日頃のうっぷんを吐き出してみませんか。あなたの気持ちにゆとりができると、それが奥さんにも伝わり、案外受け止め方も変わってくるかもしれません。

ケアマネジャー●訪問看護から利用を始めてみましょう
自らの状態を認めたくない、デイサービスに行くほどではない、という思いがあるのだと思います。

　そういう人にすすめているのが訪問看護です。医療系の専門職は比較的すんなりと受け入れられることがよくあります。「お互い高齢になったし、週1回くらい看護師さんに来てもらって健康チェックをしてもらえると安心だね」などと話してみてください。

　訪問看護をきっかけに介護保険サービスへの抵抗感が少しずつなくなると、デイサービスなどほかのサービス利用にもつながっていくと思います。

介護経験者●体験利用でうまくいきました　私の義母も、デイサービスと口にするだけで話も聞かないので困ってい

ました。

　ケアマネジャーと相談し、受診の帰りにデイサービスに寄ることにしました。施設に入る前は怒っていましたが、施設のスタッフに迎えられると嫌な顔もできず、体験利用ができました。

　自分より元気のない人や車いすの人がいて、自分がリーダーシップを取ることができたのが自信につながったようで、次から喜んで利用するようになりました。

そのあと どうなりましたか？

「お年寄りに書道を教えに」で デイサービス利用を始めました

　"男性介護者のつどい"に参加してみました。ほとんどの人が老老介護で、同じ立場の人と話をすることで、もやもやしていた気持ちが少し晴れました。

　ある参加者に同じような経験があり、奥さんが生け花の先生をしていたのをヒントに「デイサービスにお花を生けに行く」という名目で通い始めたという話を聞きました。

　妻の場合も書道を教えていたので、ケアマネジャーと相談して「お年寄りに書道を教えに行く」ということで、通い始めることができました。

　いまではすっかり先生役で、みなさんが書いた字に朱を入れて楽しんでいるようです。周りから「先生、先生」といわれるのも心地よいようです。

母がデイサービスの回数を減らしたいといいますが……

86歳の実母は、以前大腿骨を骨折して歩くには杖が必要です。認知症もあり要介護2です。3年前からデイサービスを利用して、いまは週3回行っています。最近「もうしんどいから3回も行きたくない」と言い出しました。同居で介護している私は母と離れる時間がほしく、パートにも行けなくなるので、どうしても3回は行ってもらいたいのですが……。

姑介護中の世話人 ●気持ちよく通ってもらうために　私の姑は要介護3で、ほぼ毎日小規模多機能型居宅介護のデイサービスを利用して、夕食を食べてから帰ってきます。本人に希望を聞くと「家にいたい」というかもしれませんが、それでは私がもちません。

　あなたの週3回は通ってほしいという気持ちもわかります。お母さんに気持ちよく通ってもらえるよう、ケアマネジャーやデイサービスのスタッフに協力を頼みましょう。

看取り終わった世話人 ●母の希望を聞かなかったことを反省　私の母も「もう行きたくない」ということがよくありました。それでも私は、母のリハビリのためと思い、また

母のいない間に用事を片付けたりストレスを解消したりしていたので、ずっと行ってもらいました。

　亡くなってから、「あのとき母はしんどかったのだろう。母の希望通りにしてあげればよかったのに」と反省しきりです。

　いずれにしても、悔いの残らない選択をしてほしいと思います。

看護師●お母さんのしんどい理由は何でしょう　身体の具合が悪いのか、加齢による気力の衰えなのか、家での過ごし方にも変化がありませんか？

　少し動くだけで疲れていたり、食べる量が減ってきたりするなど、健康面で気になることがあれば、かかりつけ医に相談する必要があるかもしれません。

　お母さんは自分の体調をうまく伝えられないのかもしれませんが、まずはお母さんに理由を聞いてみましょう。

介護職員●デイサービスでの様子を聞いてみましょう　デイサービスでの居心地が悪くて、精神的につらいのかもしれません。デイサービスで最近変わったことはなかったか、日頃はどのように過ごしているのか、スタッフに聞いてみましょう。

　話が合わない人と席が隣同士になったとか、馴染みの人が違う曜日を利用するようになったなど、何かお母さんなりの理由があるかもしれません。

　座って過ごす時間が長いと感じて疲れているようなら横になって休む時間をつくってもらうなど、デイサービスで

の過ごし方の工夫について、スタッフと話し合ってみるのがよいでしょう。

ケアマネジャー ●ショートステイの利用も考えては　年とともに身体を動かすのも大儀になり、出かけることが億劫になっているのかもしれません。

　デイサービスに何日も行くより、ショートステイのほうが行ったり来たりの負担が少なくてすみ、入浴やレクリエーションを時間刻みで行わなくてもよく、日中ゆったり過ごせていいという人もありました。定期的にショートステイを利用するのも方法だと思います。

そのあと どうなりましたか？

デイサービスに様子を見に行きました

　これまで行ったことのなかった母が利用しているデイサービスに、ないしょで様子を見に行きました。すると、母は一人ポツンとしていて、かわいそうになりました。

　スタッフに話を聞くと、仲よしだった人の老人ホーム入居が、母にはショックだったようです。デイサービスでも母のことを心配して対応を検討中とのことでした。母は「まだまだできることが多い」と聞き、その力を活かしたデイサービスでの過ごし方を考え、母とも個別に面談する、との話でした。

　どうなるかわかりませんが、いっしょに考えてもらえる人がいることがわかって安堵しています。

ショートステイで、夜中に大声を出し、ほかの人を起こしてしまいます

　自宅で仕事をしながら85歳の母（要介護3）を介護しています。家では午後8時頃に夕飯を食べ、家族といっしょに過ごし、11時頃に睡眠薬を飲ませると、朝6時頃までよく寝ます。でもショートステイでは、夜中に私を探して大声で呼ぶそうです。「ほかの人が起きてしまうので、専門医を受診し薬の調整をしてほしい」といわれています。家では眠れているので、薬を増やしたくありません。

ケアマネジャー●服薬時刻の調整を相談してみましょう
家とは違う環境に不安を感じ、夜になるとあなたを探すのは仕方のないことです。

　施設では午後6時頃に夕食、9時頃までには就寝が一般的ですが、睡眠薬を飲む時間を通常より遅くしてもらうなど、施設相談員と相談してみましょう。

介護家族●混乱を少なく、安心感を！　いつも家で使っている枕や布団を持ち込むと、私の母は安心して眠れていました。

　また、お母さんの在宅での生活習慣がショートステイの時間帯に近づくように努力してみませんか。仕事をしなが

らで大変ですが、混乱が少なくなると考えられます。

看護師●折り合いをつけることも必要ではないでしょうか
追加で服用できる安定剤や睡眠薬を、「頓服薬」として持参する人もあります。主治医に、ショートステイの利用中だけ服用する薬を相談してみましょう。

　また、家とは生活が変わり、便秘になるなど体調の変化から寝にくくなることもあります。施設の看護師に、体調にも変わりはないか様子を見てもらいましょう。

医師●「環境が変われば眠れない」ことは、誰にでもあります　薬には、睡眠薬・安定剤・漢方薬などいろいろな選択肢があります。

　お母さんの心身の状態が悪化するのではとの心配もあるかと思いますが、状態悪化のリスクを最小限にし、不安感を軽減できる薬を調整してもらうよう、専門医（主治医）に相談することをおすすめします。

世話人●施設を変更してみましょう　私の母の場合も同じでした。思い切って、それまでの短期入所の施設から小規模多機能型居宅介護施設に変更してみました。

　家での生活に近い過ごし方を工夫してもらい、母も徐々に慣れて安心して過ごせるようになり、夜間も眠れるようになりました。

看護師●きちんと睡眠をとることも大事　施設で眠れていないことは、お母さん自身にとってもつらいことです。

一時的に薬を使うことになりますが、きちんと睡眠を取り、身体を休ませることも大切です。

ショートステイ利用時だけ薬を追加しました

　家で大変だから高い費用を払ってショートステイをお願いしているのです。もう少し上手に対応してほしいと、正直腹立たしい思いでした。しかし、夜中に母が大声を出すと同じ部屋の人たちが次々に起き出して、職員が大変だったと聞きました。

　主治医に相談したところ、少し長めに効くタイプの薬が追加で処方され、ショートステイ利用時に使ってもらいました。また、服用する時間も遅めにしてもらうことができました。前よりはよく寝ているそうです。ふらつきなど心配した薬の影響はなく、睡眠薬は怖いとの私の心配は払しょくできました。

　ショートステイのときだけ追加で薬を利用する、というアイデアが役に立ちました。

老老介護中の母が入院し一人暮らしになった認知症の父をどうしたらいいか悩んでいます

　アルツハイマー病の父（89歳、要介護1）と母（85歳）は二人暮らしでしたが、父が嫌がるため介護保険サービスも使わず、母が一人で介護をしていました。更新手続きもしていません。3日前、母の言葉が気に障ったのか父が母を突き飛ばし、母は大腿骨を骨折して入院、手術となりました。私は近隣に住んでいますが、サラリーマンのため長期の休暇は取れず、父の介護をどうしたらよいか悩んでいます。

介護家族●周囲に協力を頼みましょう　突然介護の問題が降りかかると、戸惑うのももっともだと思います。一人で抱え込まずに、まずきょうだいや親族などに相談して協力を頼みましょう。

地域包括支援センター職員●要介護認定の申請手続きを　なんとか工夫して、サービスの利用につなぐことが必要だと思います。

　大至急、要介護認定の申請手続きをしましょう。認定の更新ができていないため、最初から申請し直す必要があります。地域包括支援センターでケアマネジャー選任も手伝います。選任すればケアマネジャーが申請の手続きも代行

します。

　緊急の場合は、申請した日からサービスを利用することができます。早急にヘルパー派遣、デイサービスや小規模多機能型居宅介護などを利用できるようにしましょう。あるいはグループホーム、介護老人保健施設などへの入所を考える必要があるかもしれません。

世話人●お父さんの現状を把握しましょう　介護休業^(＊)が取りやすい職場だといいのですが、現実的にはなかなか難しいかもしれません。

　仕事をしながらでは大変かもしれませんが、一時的にでもいっしょに住んでみることはできないでしょうか。そして、お父さんはいま何ができて何ができないのか、支援があれば一人で暮らすことができるのかなど、状態を把握しましょう。

医師●暴力行為があったときは認知症専門医への受診が必要です　すぐにかかりつけ医に相談し、必要なら認知症専門医につないでもらってください。

　暴力的な行為など混乱が強くなっている場合には、お父さん自身もけがをする可能性があります。

世話人●お母さんの今後も考えておきましょう　お母さんも高齢ですから、退院してもお父さんの介護は困難かもしれません。二人の介護をしなくてはならない状況も予測されます。

　いろいろと不安はあると思いますが、周囲に協力を求め

たり、サービスや制度を積極的に利用して、介護をしながら仕事を続けられるようにしてください。

　近くに"男性介護者のつどい"があれば、参加をおすすめします。また「男性介護者と支援者の全国ネットワーク（男性介護ネット）」^(**)という団体も全国的に活動し、さまざまな情報を提供しています。

そのあと どうなりましたか？

緊急ショートを利用することにしました

　とりあえず１週間の有給休暇を取り、父の家に泊まり込んで様子を見てみました。父はとても一人で暮らせる状態ではないことに驚き、これまで母が一人でがんばってきたことに心苦しく思っています。

　その母の骨折も、医師の診断では退院後にリハビリしても父の世話ができるほどの回復は見込めないということでした。そのため父の在宅介護は無理という結論に達しました。

　要介護認定を再申請し、緊急でショートステイ先を探してもらっています。落ち着けば小規模多機能型居宅介護施設を利用して、毎週末くらいを在宅で過ごす方向で考えています。

＊申し出ることによって家族の介護のために通算して最大93日間休業することができる制度。また、休業することによって無給あるいは減収になる場合は、介護休業給付金の制度もあります。厚労省の介護休業関連サイト：https://www.mhlw.go.jp/stf/seisakunitsuite/bunya/0000130583.html
＊＊男性介護ネットホームページ：https://dansei-kaigo.jp/

親の代からのかかりつけ医との関わり方がわかりません

　いっしょに住む父（87歳）が何度も同じことを尋ねることがあり、認知症ではないかとかかりつけ医に伝えましたが「年のせい。親をボケ扱いしてはいけない」といわれ、検査もしてもらえません。父もそういわれたことを信じ切っているため、もの忘れを指摘すると怒り出し、専門医を受診することができません。親の代から家族全員がお世話になっているため、病院を変えるのもためらわれます。どうしたらいいでしょうか。

介護経験者●ほかの専門医に診てもらいましょう　どんな病気も早期発見・早期治療が大切です。かかりつけ医のことは気にせず、認知症専門医を受診したほうがよいでしょう。遠慮は無用です。

　でも、かかりつけ医の言葉を信じ切っているお父さんに受診してもらうためには、健康診断と説明したり、あなたの受診につき合う形にしたりと、工夫が必要でしょう。

医師●様子を見てからでもいいのでは　長年のつき合いでお父さんの身体のことを一番よく知るかかりつけ医の判断なら、もう少し様子を見てからでもいいのではないでしょうか。治療や根治薬はまだ研究段階です。

何度も同じことをいわれても、根気よく相手になってください。お父さんが不安を感じないように、関わり方や環境を整えることを優先させてもいいと思います。

世話人 ● かかりつけ医の理解と協力を得る　うちの母の場合も家族以外の人の前、特に診察のときはいつも以上にきちんとしているので、かかりつけ医にはまったく気づいてもらえませんでした。

「家族がつくった『認知症』早期発見のめやす」(P190参照)^(*)をもとに、気にかかっている具体的状態をメモに書いて持参し、きちんと伝えた結果、専門医受診に関してかかりつけ医の協力が得られました。

介護家族 ● 専門医を受診したくてかかりつけ医に懇願しました　父の仕事の段取りが悪くなり、運転もスローになったとき、認知症ではと思い、専門医への受診の予約をしました。その際にかかりつけ医の紹介状が必要でした。

依頼すると「認知症ではない。年齢的にそんなもの」と叱られました。でもどうしても受診したくて、懇願して書いてもらいました。

結果は、脳の萎縮がありアルツハイマー病と診断されました。

ケアマネジャー ● かかりつけ医と専門医の使い分けを　お父さんも、自分で何かおかしいと思っていたところに医師から「年のせい」といわれ、ほっとしているのではないでしょうか。

私も、「家族がつくった『認知症』早期発見のめやす」でチェックして、早い受診か様子を見るかを判断する目安にするのがよいと思います。

　ずっと診てもらっているかかりつけ医は大事です。専門医との使い分けについて、家族と相談してください。

そのあと どうなりましたか？

「早期発見のめやす」でチェックしました

　1か月ほど様子を見ていました。同じことを何度もいい、「さっきいったよ」と怒ったこともあり、後悔していました。

　「家族がつくった『認知症』早期発見のめやす」もチェックしました。同じことをいう以外は、生活への支障やこれまでと違う暮らしぶりはありませんので、もうしばらく様子を見ることにしました。

　認知症は、長生きしたら発症は多くなると、今回のことで認知症を勉強してわかりました。次に本当に認知症だと確信がもてたら、専門医を受診しようと思います。

＊家族がつくった『認知症』早期発見のめやす：これは「家族の会」の介護者が作成しためやすです。「家族の会」のホームページ（http://www.alzheimer.or.jp/?page_id=2196）でも見ることができます。

妻は主治医からの説明が自分にないことを怒っています

　アルツハイマー型認知症と診断された妻（要介護1）は、聞いたことを忘れてしまうことも多いのですが、聞いたときは理解してしっかり返答もできます。もの忘れ外来の定期受診時、医師には症状や服薬などについて直接妻から話を聞いて説明してほしいのですが、それらは付き添った私にばかりです。まるで妻が何も理解できないかのようです。妻には後で私が説明しますが、言い含められているように感じるのか、怒り出すので困っています。

世話人●主治医に本人や家族の思いを伝えましょう　私もあなたと同じ体験をしました。夫の存在を無視されているようで、悲しい思いをしました。

　奥さんは、もの忘れがあっても理解して覚えていることもあること、先生と話をして先生から説明を聞きたいといっていることをご主人から医師に伝え、直接奥さんに説明してもらえるよう頼みましょう。

　医師を育てるのも患者や家族の役割だと思っています。

看護師●家族の話を聞くよい医師では？　飲み忘れが多くても「薬はきちんと飲んでいます」などという本人の話を医師が信用してしまい、家族の話を聞いてもらえないと嘆

いている話もたくさん聞きます。

　家族の話をきちんと聞いて説明するのですから、家族に寄り添うよい医師と見ることもできると思います。

　ご主人からの説明は必要最小限にとどめるなど、奥さんが怒らないような工夫をしてみましょう。

介護経験者●病院を変えましょう　私も夫を介護中、本人や家族の話を聞かない医師ばかりで、1分でも話ができればありがたいほどでした。やっと話せたと思ったら、「私は薬を出すくらいしかできません」といわれておしまいでした。病院を3回変えて、やっと話をじっくり聞いてもらえる医師に出会えました。

　病院や医師によって対応はいろいろです。あきらめずに納得できる医師を探しましょう。

医療ソーシャルワーカー●担当医師を代えてもらいましょう　規模の大きい病院で同じ診療科の医師が複数いるなら、地域連携室の相談員などに「担当医を代えてほしい」と頼む方法もあります。

　言いにくいようなら、担当のケアマネジャーに同席を依頼する方法もあります。遠慮せずに相談してみましょう。

医師●本人と家族の両方に向かって説明するようにしています　私のクリニックでは、本人が傷つくような生活の支障などはメモに書いて診察前に受付でわたしてもらうよう、家族に依頼しています。

　診察室では本人のがんばりを評価したり、生活面で気を

つけてほしいことなどを、まず本人に話しています。

　そのような対応をする医師はほかにもいます。"つどい"で情報を得ましょう。

そのあと どうなりましたか？

医師と看護師に手紙で頼みました

　"つどい"でのアドバイスを振り返ってみて「病院や医師を代えることもできるが、その前にもう一度トライしてみよう」と考えました。診察の場では「本人に直接、質問や説明をしてほしい」と伝えにくかったので、医師と看護師の双方宛ての手紙を書いて、事前にわたしておきました。

　その後の診察では、看護師が妻と医師の間の会話をつないでくれるようになり、本人を含め全員が診察の場を共有できるようになりました。妻の病院での表情も穏やかで落ち着いています。

口からは食べられない施設の対応に悩んでいます

　93歳の母（要介護5）の介護が大変で限界を感じ、ようやく特別養護老人ホームに入所できて喜んでいました。しかし誤嚥性肺炎で入院してから、会話や飲み込みはできるものの少ししか食べられなくなりました。そのため元の施設に戻れず、「うちは、口からは食べてもらいません」という療養型医療施設に移りました。ほぼ寝たきりで、週2回のゼリー食のほかはずっと中心静脈栄養(*)です。毎日面会に行って母を見ると切なくなります。

介護経験者●口から食べることを大事にしている施設を探しましょう　私の義母は、肺炎で入退院をくり返し、食べる量も徐々に減ってきましたが、その時々の嚥下能力に応じた食事を工夫してもらえました。義母は「食欲」があり、最後まで飲み込めるものをスタッフにいろいろ探してもらい、ケアを尽くしてもらいました。

　あきらめずに受け入れ可能な施設を探しましょう。

医師●口から食べることを大切にしたい　「口からは食べてもらいません」と、医師がいうのでしょうか。直接診ていないのではっきりとはいえませんが、飲み込みができるのに中心静脈栄養を続けているのは不自然です。

座位を保って口から食べるほうが、精神的にも身体のためにもいいと思います。

介護者 ● 誤嚥の危険性があるのでは？ 私の父は脳梗塞の後遺症で食事中にせき込むことが多く、いっしょに食事するのを躊躇するほどでしたが、不思議と好物や母がつくったおはぎだけはむせずに食べられました。でも医師からは「飲み込めているようでも、誤嚥をしている」との説明があり、胃ろうにせざるを得ませんでした。

結果的に以後、体調は安定し、父のためにはよかったと思っています。もう少し様子を見てはどうでしょう。

看護師 ● 納得することが大切 嚥下機能がどの程度落ちているのか、医師から説明を受けましたか。また、食べない原因がほかにないか、調べてもらったことはありますか。

中心静脈栄養ではなく、口から必要な栄養を取ってほしいというあなたの希望を、きちんと伝えたほうがいいと思います。たとえ希望通りにいかなかったとしても、病院の治療方針の説明を受け、あなたが納得できることが大切だと思います。

世話人 ● 寄り添いましょう お母さんが93歳になるまで自宅で介護してきたのですから、お母さんはあなたへの感謝の気持ちが大きいと思います。

切ないなどと思わず、お母さんに寄り添いましょう。ある医師の次のような言葉があります。

「老いて死にゆく人には医療も治療もいらない。必要な

のは寄り添うこと」

そのあと　どうなりましたか？

施設を探しつつ在宅で母と過ごす準備も進行中

　自分の気持ちをもう一度整理してみました。「面会に行って母を見るのが切ない」のはなぜか？

　その答えは、高齢になって何よりの楽しみである食事を口から食べられない母を見るのがつらいからだ、と思いました。93歳ですから、中心静脈栄養で命を長らえるだけよりは、たとえ早く命を縮めることがあっても、一口でも口から食べて終わるほうが母の望みであり、私の望みでもあると気づきました。

　それで「口からは食べてもらいません」という施設は早く出ようと考え、次に受け入れてもらえる施設を探しています。

　並行して、終末が見えかけている母ですから、サービスをフルに利用して在宅で母との時間を過ごす準備をしています。

＊中心静脈栄養：高濃度の栄養輸液を中心静脈から投与すること。エネルギーをはじめ、身体に必要な栄養素を補給することができます。

5 医療　　50歳代・女性　嫁

MRI検査を怖がる義父に検査は必要でしょうか？

　85歳の義父が脳梗塞を発症し、脳血管性認知症と診断されました。リハビリ病院へ転院後に失神をくり返しましたが、MRI検査中に動いて検査ができず原因不明のままです。車いす生活になって高齢の義母では在宅介護が厳しく、ショートステイを長期利用しています。そこでも失神して受診をすすめられました。再度MRI検査の予定ですが義父は怖がります。無理に検査するよりこのまま残りの人生をまっとうできればと思うのは、家族のわがままでしょうか？

介護者●検査を受けるよう説得しました　私の母にも同じ症状がありました。

　母はしんどいわけではないので、このままでいいといっていましたが、私は心配で何もせずにはいられなくて、検査を受けてもらうことにしました。

　検査の当日、親戚の人やきょうだいにも病院に来てもらい、みんなで説得し、母は納得して検査を受けました。

　検査の結果、失神の原因となるような重大な病気はないと医師から説明を受け、安心できました。

世話人●施設の職員と話し合いましょう　お義父さんが以前受けたMRI検査のことを忘れないのは、よほど怖かっ

たのだと思います。

　また家族として、嫌がっていることを無理強いしたくないと思うのは、決してわがままではないと思います。

　施設の介護スタッフや看護師との話し合いの場を設けてもらい、失神したときの対応や不測の事態が起こった場合の考え方を含め、お義父さんの思いを第一にしたいという家族の意向を伝えましょう。

看護師 ● 検査を受けるため薬を使うこともできます
MRI検査には、じっとしていなくてはいけないこと、大きな音がすること、時間が長くかかること、狭いトンネルのような空洞の中に入らなくてはいけないこと、などの難しさがあります。

　検査中にじっとできない場合は、眠くなる薬などを服用してもらい、眠った状態で検査をすることも可能です。検査を受ける病院に相談してみてください。

　検査そのものは、高齢者も安全に受けられるものです。

医師 ● 無理に検査をしなくてもいいのでは？ 　高齢の人の場合、苦労していろいろな検査をしても、はっきりとした原因がわからないこともあります。

　また検査して原因がわかっても、治療に激しい苦痛が伴う場合もあるなど、年齢を考えると必ずしも治癒をめざせないこともあります。

　お義父さんが嫌がっているのなら検査はひとまず見合わせ、経過を見てもいいのではないでしょうか。検査の必要性も含め、かかりつけ医に相談してみるのがよいと思います。

そのあと どうなりましたか?

眠っている間に検査してもらいました

　もう一度かかりつけ医に相談し、眠っている間にできるようにしてもらうことで、義父も納得して検査を受けることができました。

　そして、「脳腫瘍」という画像診断の結果が出ました。

　検査を受けたことで、治療のための検査や手術をするかどうかについての判断が必要となり、新たな迷いが義父にも家族にも生まれてしまいました。

　けれども、検査のことでいろいろな人に相談し、その上で本人と家族が最終判断をするという経験をしたので、今度は、自分一人で途方に暮れることはないと思います。

介護拒否があり、特に薬を飲まなくて困っています

　私は農業をしながら85歳の母の介護をしています。母は認知症で要介護3です。介護拒否があり、特に薬を飲むことを嫌がります。

　食べ物に混ぜても、薬に気づくと吐き出してしまいます。心不全をはじめ複数の病気があり、飲まなければいけない薬がたくさんあります。なんとかいい方法はないでしょうか？

世話人●お母さんといっしょに薬を飲んでみましょう　お母さんの服薬の際に、あなたもビタミン剤やラムネ菓子など、お母さんの薬とよく似たものをいっしょに飲んでみましょう。私の母はそれで嫌がらずに飲むようになりました。

医師●副作用が出ている可能性もあります　飲んでいる薬のなかには、いま必ず服用しなくてもよい薬があるかもしれません。日頃の服薬の状況をかかりつけ医に伝えて、お母さんにも介護者にも負担が少なくなるように相談してみてください。

　また、薬を飲むと気分が悪くなるなど、副作用があるの

かもしれません。そのまま無理に服薬せず、かかりつけ医に報告しましょう。

看護師 ● 飲みやすい方法を工夫してみましょう　うまく飲み込めなかったり、苦味が強い薬だったりするかもしれません。

　甘みのあるものや味の濃いもので薬を覆うようにすると飲めるかもしれません。薬によっては顆粒、液状、貼り薬、軟膏などに変えることも考えられます。

ケアマネジャー ● 専門職に頼んでみては？　あまり一人でがんばり過ぎないで、ヘルパーや訪問看護師、デイサービスなどの専門職に頼んでみるのがよいと思います。時間をずらしてサービス利用中に服用してもよいか、医師や薬剤師にも相談しましょう。

　また、服薬以外にも介護拒否があるとのことですが、身の回りのことなどは、男性である息子さんより同性の女性の介護のほうが、受け入れがスムーズということもよくあります。

介護経験者 ● 相手のペースに合わせることも大切　農業をしながらのお母さんの介護は、とても大変だと思います。段取り通りにいかないとイライラする気持ちもよくわかります。

　でも、余裕がなくて焦ると、介護される側にも伝わってうまくいかないものです。私の場合は「この時間に食事、入浴」などと型にはめず、相手のペースに合わせたら私自

身も楽になり、介護もしやすくなりました。

薬剤師●月に2〜4回、自宅を訪問することができます　医師の指示があれば、薬剤師が自宅を訪問して薬学的な管理指導を行う居宅療養管理指導を、介護保険で利用できます。

　薬の管理、薬の飲み方、飲み忘れの確認、副作用の有無など、薬に関するいろいろな支援が可能です。

そのあと どうなりましたか？

最小限一包化し、貼り薬も使うことに

　かかりつけ医に相談し、薬を最小限にして一包化してもらいました。認知症の薬は貼り薬に変えました。そして、デイサービスに頼んで昼食後に服用することにしました。同じような人がいて、昼食後に薬の時間があるようです。

　デイサービスを利用する日の服用は解決しましたが、家ではなかなか思うようにいきません。デイサービスにならって昼食後の服用を試みていますが、拒否されることもあります。

　母に関わっていると自分の時間が思うように取れず、イライラします。そのせいか介護拒否もあり、私の接し方に問題があるのではないかと最近思うようになりました。"男性介護者のつどい"で先輩諸氏から学びたいと思っています。

母の褥瘡がひどくなり不安です！

　父と二人暮らしの母（83歳、アルツハイマー型認知症、要介護4）は日中、車いすでの生活です。デイサービスなど介護サービスは利用しています。体調を崩したのがきっかけで腰に褥瘡ができて悪化しました。皮膚科の受診をはじめ訪問看護、訪問診療やエアーマットなど、ケアマネジャーと相談していろいろ導入しました。私が両親宅に通って介護していますが、介護が行き届かずにひどくなったのではないか、治るのかと今後がとても不安です。

介護経験者●自分を責めないでください　褥瘡をつくってしまったことが、娘として心苦しいのだと思います。

　私の場合は、何もしていなかったわけではないのですが、褥瘡は瞬く間に悪化し、「早期に医者の受診ができていたら」と後悔しました。

　あなたの場合、受診もして適切な処置がされているのですから、よくなることを信じましょう。

介護職員●こまめに姿勢を変えましょう　車いすに座っている時間が長いことや、ベッドで横になっているときの体圧の分散がうまくできなかったことなど、いろいろな悪条件が重なってしまったのでしょう。

お母さんは自分で姿勢を変えることができなくなっているのですから、デイサービスの職員とよく話し合い、こまめな体位の変換やクッションで姿勢を調整してもらうなど、必要な対策を取ってもらいましょう。

介護経験者●ショートステイの利用も考えては　デイサービスだけでなくショートステイも利用して、あなたの心身を休めることも必要です。

　介護者が元気でなければ、長期の介護は担っていけません。施設や専門職と上手に連携を取りましょう。

　私の場合も時間はかかりましたが、すっかり治った経験があります。

栄養士●栄養補助食品の活用を　治癒に向けてタンパク質を中心とした栄養をしっかり取ることも、とても大事です。栄養や水分の摂取状況を確かめましょう。

　また、手軽に必要な栄養素を摂取できるドリンクタイプの栄養補助食品もあります。これらを活用してみるのも一つの方法です。

看護師●日頃からの悪化予防対策が必要です　おむつによる蒸れや、ベッドで背上げしたときに身体がずれてしまうことによる悪化も考えられます。

　排泄後はできるだけ早く清潔にし、尿もれなどを心配しておむつの枚数を多くするなどは控えるように工夫しましょう。

　また、食事などの際にベッドの背上げをすることが多い

のであれば、背上げモードのあるマットレスに替えるなど工夫しましょう。

　筋力低下などから座位保持ができなくなっているのであれば、訪問リハビリなども検討しましょう。

そのあと どうなりましたか？

少しずつ治ってきました

　褥瘡の治りは一進一退です。高齢の父が介護の中心ですが、本当は近所にいる私がもっと介護しなくてはいけないのに、と罪悪感のような気持ちを抱いていました。

　「自分を責めてはだめ」との先輩の一言に大変救われました。もっと話ができればと支部の世話人に連絡すると、世話人の手配で先輩と電話でも相談できるようになりました。

　介護仲間と話せるのはとても助かります。栄養を取ることが大事と、お粥に入れて高タンパクにする栄養補助食品も教えてもらい、褥瘡も少しずつよくなってきました。

リハビリで妻の寝たきりを予防したい

　78歳の妻（要介護3）を自宅で介護していましたが、私が入院したため、妻は特別養護老人ホームに入所しました。3か月後、退院して面会に行くと、歩けなくなっていました。寝たきりにならないよう、自費でもいいから妻がリハビリを受けられるようにしたいと思いましたが、施設に相談すると「施設でできることをしていく」といわれ、もどかしい思いをしています。

介護家族●施設の相談員かケアマネジャーにもう一度具体的な相談を　まずは、日中の過ごし方について聞いてみましょう。意欲や睡眠、食事量、排泄などのさまざまな生活の要素が絡んで歩けなくなったのかもしれません。

　その上で施設の相談員かケアマネジャーと、これから施設でできること、家族が協力できることなどについて、具体的に話し合ってみるのがよいと思います。

訪問看護師●特別養護老人ホームを退所して自宅へ戻っては　ご主人の体調が安定して在宅介護が可能なら、退所して自宅に帰ることも考えられるのではありませんか？

　介護保険の訪問リハビリを利用して機能回復を図り、訪

問介護で介護負担を軽くしながら在宅で暮らすという方法もあると思います。自宅に帰ることで奥さんの元気も回復するかもしれません。

鍼灸あん摩マッサージ師 ● 入居中に施設以外のリハビリを受けるには　特別養護老人ホーム入所中ですからいろいろな制約（医療保険上や施設職員以外の者が行うサービスの問題等）がありますが、医療保険を使った訪問マッサージが認められる場合もあります。施設配置医の同意書が必要なため施設と相談してください。

訪問マッサージは機能訓練をより効果的に行うためのサポートですが、室内での運動療法から屋外の歩行訓練まで、本人に合わせた施術ができます。

施設ケアマネジャー ● リハビリのできる施設へ移っては　特別養護老人ホームはリハビリが目的の施設ではありません。主目標は身体機能の向上・維持ではなく、居心地よく、自分らしく生活する場と考えています。

常に専門的リハビリが必要な場合は、介護老人保健施設やリハビリ対応が可能な療養型医療施設に移ることをおすすめします。

介護家族 ● 家族にできることから始めては？　ご主人の年齢や健康を考えれば、今後の自宅での介護には無理があると思います。

私の夫も入所後歩けなくなってしまいました。施設に相談して毎日面会に行き、話しかけながら家族でも無理なく

できるマッサージを続けました。夫も楽しみにしていてだんだん活気が出て、最近では歩行器で歩けるようになりました。

世話人●奥さんの現状を受け入れましょう　つらいでしょうが奥さんの現状を受け入れることも必要かもしれません。

　最近では認知症や介護についての講演会などがたくさんあります。また、男性介護者が集まって日頃の介護のことなどを話し合う"つどい"もあります。ぜひ出かけてみてください。これから先の介護について考えたり、いろいろな知識を得ることが、奥さんの介護に向き合う力になると思います。

そのあと どうなりましたか？

努力する気がなければリハビリ効果もないと納得

　3か月見ない間に歩けなくなった妻を見たときはショックで、なんとかリハビリで元に戻したいと強く思いました。そしてこの施設ではだめだと、リハビリ病院や介護老人保健施設などあちこち見学してわかりました。

　本人がリハビリの目的や目標を理解し、努力する気がなければ効果がない。認知症の妻は「痛くて嫌」というだけになりそう、と。

　それより、施設でできる範囲のことをしてもらい、訪問マッサージ師とおしゃべりしながら身体を動かして、楽しくこの施設で暮らすほうを選びました。

夫の年金で施設の料金を払い続けることができるか不安です

　要介護5の夫（77歳）はレビー小体型認知症で徐々に歩けなくなり、いまは寝たきりで胃ろう栄養です。ユニット型特別養護老人ホームに入所していますが、施設の料金は夫の年金だけでは足りず、貯蓄を取り崩しています。私の国民年金は自分の生活に充てるのでやっとです。このままでは将来、支払いが難しくなりそうです。近隣の特養はどこもユニット型個室で、料金も同程度です。息子にも言い出せずにいます。どうしたらよいでしょうか。

世話人●大変さを話しましょう　特別養護老人ホームの入所や胃ろうの選択に至るまでつらい思いだったことでしょう。経済面でもいろいろと大変だと思います。

　"つどい"には同じ立場の人もいます。いろいろな話を参考にしていっしょによい方法を見つけていきましょう。

看護師●食費負担を減らせるかもしれません　ご主人の流動食は施設の食事として提供されていますか？　施設の配置医が処方する栄養剤であれば、医療費として1割負担（所得により2割負担の場合があります）となり、食費負担が少なくなります。施設に確認してみてください。

ケアマネジャー●施設相談員に相談しましょう　胃ろうになると、定期的なチューブ交換の入院など医療にかかる費用、寝たきりで介護にかかる費用と、負担がダブルです。

　高額介護合算療養費の申請や障害者手帳の取得など一定の要件を満たす人には、いろいろな特例措置もあります。

　ただ社会福祉に関する制度は申請主義のものが多く、利用要件を満たしていても申請手続きをしなければ制度の利用はできません。

　使える制度がないか、施設の相談員にぜひ相談してください。申請窓口や申請に必要な書類などの情報を提供してもらえるはずです。

介護経験者●多床室の施設を探しましょう　息子さんに迷惑はかけたくないと思う気持ちは理解できますが、助けてもらえないか一度相談してみてはどうでしょう。

　それでも支払いが困難な状況になれば、あなたの暮らしも守らなければなりませんし、少し遠方になっても費用の安い多床室の施設に移ることも考えてみませんか。

介護経験者●在宅の介護を工夫しました　私は家内が要介護5で胃ろうになってからも、ずっと在宅でみました。私が1日3回栄養剤を注入し、ヘルパーは排泄で早朝と昼に毎日利用しました。限度額で足りないところは、身体障害者手帳の支援で補ってもらいました。

　介護保険以外に、医療で週1回の訪問看護と月1回の訪問診療、週3回のマッサージ（往療）、口腔ケアのために歯科衛生士にも来てもらいました。

経済面では特別障害者手当があり助かりました。

また、用事や休むときはレスパイト入院を利用し、「ありがとな」と心で……。こうして新たな気持ちで家内に笑顔で接することができました。

そのあと どうなりましたか？

食費負担が減りました

さっそく施設の相談員に相談しました。いくつかの対応を考えてもらえました。

一つは、胃ろうからの食事を配置医が処方する栄養剤にする方法を試してみました。夫の体調にも変化がなく、食費負担が減りました。

また、社会福祉法人による利用者負担軽減制度を教えてもらいました。いまは預貯金などがその制度の範囲内ではありませんが、手続きの方法などを教えてもらい、先が見えたことで安堵しました。

これからの私の生活の不安についても、息子と話し合いました。息子は理解してくれ、「何かあったら協力する」といってくれました。

一人で悶々と悩んでいましたが今回、相談することのよさがわかりました。

介護保険の自己負担が2割になって困っています

　75歳で要介護3の夫を在宅介護しています。畑を売った一時所得が少しあったため、介護保険の自己負担が2割になりました。電動ベッド、車いすなどのレンタル料まで2割負担になり、デイサービスやショートステイの利用回数を減らさざるを得ませんでした。そのため夫の症状が悪化して、更新時に要介護4になってしまいました。やはりサービスを減らすことはできません。利用料負担を軽くできる制度などがあれば教えてください。

ソーシャルワーカー ● **高額医療・高額介護合算療養費制度を申請しましょう**　1年間に支払った医療保険と介護保険の自己負担の合算額が高額であった場合に、負担額の一部が払い戻されます。

　いくつかの条件があり、限度額も所得や年齢によって設定されているため、具体的な支給額などは、加入している健康保険や市町村の介護保険の窓口に相談してください。

ケアマネジャー ● **高額介護サービス費を申請しましょう**
1か月に支払った利用者負担^(*)の合計が44,400円（上限は所得により異なります）を超えたときは、超過分が払い戻される制度があります。

対象となる人には市町村から、利用月の３か月後に通知と申請書が届きます。それに必要事項を記入し提出してください。一度申請すると、以後は申請しなくても超過分が振り込まれるようになります。

看護師 ● **医療費の負担を減らすことも検討しましょう**　費用負担だけでなく介護負担も増え、大変だと思います。

　要介護４であれば、かかりつけ医に相談して身体障害者手帳の取得を検討してみましょう。市町村によって違いはありますが、１級または２級の手帳が交付されれば、重度心身障害者医療費支給制度により、医療費負担を減らすことができます。

介護経験者 ● **確定申告すれば、納付した税金の一部が戻ります**　医療系サービスと併用すればデイサービスやショートステイの福祉系サービスの利用者負担(*)額も、所得税の医療費控除の対象になります。税務署やケアマネジャーに相談してみましょう。

　私の母も同じで１年間２割負担になり、お金のやりくりが大変でしたが、翌年は元の１割負担に戻りました。いろいろな制度を使いながら、なんとか１年を乗り切ってください。

世話人 ● **「１割負担に戻すべき」との声を上げていきましょう**　あなたのようにわずかに基準を超えただけで利用料が２倍になり、サービスの利用を減らさざるを得なかったという人からの相談も聞いています。

いま国の審議会では、2割負担になる対象をさらに拡大することが検討されています。「家族の会」はそれに反対し、「1割負担に戻すべき」と声を上げています。

ご主人に臨時所得がなくても2割負担になってしまわないよう、また一人でも苦しむ人を出さないために、いっしょにがんばっていきましょう。

そのあと どうなりましたか？

高額介護サービス費の手続きをしました

ケアマネジャーに連絡して相談しました。アドバイスされた高額介護サービス費の申請などについて尋ねると、ケアマネジャーには「きちんと対応できていなかったことをお詫びします」といわれ、すぐに高額介護サービス費の手続きを詳細に教えてもらいました。

ケアマネジャーは何でも知っていると思っていましたが、制度も複雑で知らないこともあるようでした。

経済的にも助かりましたが、"つどい"でいろいろ教えてもらい、つながっているような感じでとても心強く思いました。

＊利用者負担には食費や居住費等は含まれません。詳しくは最寄りの税務署に問い合わせましょう。

"つどい"　思いをともにする力

　この本を手に取っていただいた方はタイトルを見て、認知症の症状への対応などに関する、いわゆるノウハウ本と思われたかもしれません。しかし、ページを開いて内容を読んでくださった方には、単なるノウハウ本ではないことがおわかりいただけたことと思います。

　この本は、認知症の人と家族の会（以後、「家族の会」）が開催する"つどい"の模様と実際にあった事例への対応を、これまでの経験と知識をもとに再現して編集したものです。

　"つどい"では、さまざまな思いや悩みを抱えて参加した介護家族に対し、ほかの参加者が、同じ介護家族目線で、その思いや悩みに心から共感しながら耳を傾けます。そして、十分に耳を傾けた上で、さまざまな立場から「こう考えたらどうでしょう」「こうしてみたらどうでしょう」「私の場合はこのようにしてみました」と、自分の介護の経験や仕事上の体験にもとづいたアドバイスをします。

　この本で伝えたかったこと、「家族の会」が開く"つどい"の真髄は、パート1で述べている通りです。

　「家族の会」の2011年の総会に向けた文書は、"つどい"について次のように述べています。私はこの表現が、「家族の会」の"つどい"の意味を最も的確に表現していると思っています。

　　「家族には介護の負担とともに、最も大切な人の症状の進行に向き合うつらさや悲しさがあります。社会の理解と対策の充実で介護の負担は軽くしていくことができますが、人間としてのつらさは解消できません。つどいや相談はどうしようもない心の悲しさを支えあう場です」

「家族の会」の“つどい”はこの考え方に沿って運営されています。

「家族の会」を訪れるまでの家族は、どのような思いを抱いているでしょうか。

「『やさしくすること』、わかっているのにそれができない！」

「『あなたが変われば認知症の人も変わる』、これ以上私のどこを変えればいいの？」

「こんな気持ちは人に話したところで、解決できるはずがない！」

それは、どこかの誰かの思いではなく、母を介護していたときの私自身の思いでもありました。

私の母は1999年7月9日に亡くなりました。83歳でした。朝起こしに行くと、すでに亡くなっていました。若い頃からのうつ病に認知症が目立つようになって、ほぼ10年が経過していました。

私は最期まで、母にとってやさしい介護者になることはできませんでした。「家族の会」で人の相談に乗り、また仕事で培った認知症ケアの経験は、たった一人の母の介護にはまったく役に立ちませんでした。改めて、自分の負の本質を突きつけられた思いでした。

「話しても解決できっこない」と思っていた人が、「家族の会」の“つどい”に出てみようと思い立つときの気持ちは、どのようなものでしょうか。

「いくら話しても誰もわかってくれなかった。また同じ思いをするだけで、無駄かもしれない。でも、もう一度だけ話してみよう。話さずにはいられない」

多くの人がそのような思いで出かけるのではないでしょうか。

「家族の会」の髙見国生前代表は著書のなかで、初めて“つどい”に足を運んだときの印象を次のように述べています。

「他人には、話しても理解してもらえないと思っていたのに、家族どうしなら、本当によく話が通じます。自分が話し忘れたと思う

ことでも、だれかが必ず話してくれます。人の話は、そっくり自分のことのようです。自分の話にうなずいてもらえ、人の話を自分のこととして涙を流す―。この安心感は、地獄の中で、ひとときのやすらぎをみた思いでした」(髙見国生『ぼけ老人と家族』ふたば書房、1994年)

　話を聞くこと、話すことの意味をこれほど端的に述べた言葉はありません。

　"つどい"とは何か。100の集まりがあれば100の、また100人いれば百様の考え方があります。ある人が「これが"つどい"です」といえば、「それは"つどい"ではない」と誰もいうことはできません。

　"つどい"の基本として「家族の会」が最も大切にしているのは、「わかっているがそれができないつらさ」を共有することです。そして、そのつらさを声に出して話せる場であることだと思っています。それが、同じ家族だからできる、また家族でなければできない"つどい"のあり方だと考えています。

　この基本は「家族の会」が結成されて40年、変わることはありません。

　40年は決して短い時間ではありません。2000年に介護保険制度が施行されるなど、社会の状況は大きく変わってきました。また、認知症と診断された本人中心の流れも生まれてきました。その変化のなかでさまざまな声も聞こえてきます。

　「支援の充実で、認知症の人の介護で困っている人はいなくなっているのではないか」

　「『家族の会』は、介護の大変さを強調し過ぎているのではないか」

　それを肯定するかのように、国の施策のなかで「介護家族」の占める重みは相対的に低下しているようにさえ映ります。

　しかし、あるデータがあります。

　2011年に「家族の会」が実施した「認知症の介護家族が求める家族

支援のあり方」の実態調査で、「家族の心身の状態や生活のしづらさ」について、「認知症の人に優しくできない自分に嫌悪感を感じることがありますか？」と問いかけました。

　翌年3月にまとまった報告書によれば、500人中400人、実に80％の介護家族が「ある」と回答したのです。その後、支えとなるはずの介護保険制度は後退の一途をたどっています。

　介護家族の負担、特に精神的な負担は軽減されてはいないのです。

　「家族の会」はこれからも、介護家族だからできる、介護家族でなければできない支援を精一杯続けていきます。

　「家族の会」の"つどい"のよさは、百万遍の言葉を費やすよりも、参加してこそご理解いただけます。ぜひ、「家族の会」の"つどい"にお出かけください。お待ちしています。

　2020年6月

　　　　　　　　　　公益社団法人 認知症の人と家族の会
　　　　　　　　　　　　副代表理事　田部井 康 夫

公益社団法人 認知症の人と家族の会

入会のご案内

誰もがなりうる病気…だからこそ、正しい理解が必要

大切な人が認知症になる…戸惑いと不安、そして悩みと混乱…と誰もが経験します。

　認知症には、アルツハイマー型、脳血管性、レビー小体型、前頭側頭型などたくさんの病気があり、症状は異なりますが、共通することは脳の変化による知的な能力の低下から、仕事や生活に支障が出てくることです。

　そのため日常的な支援が必要になりますが、家族だけでの介護には限界があります。介護保険制度などの社会的支援のほか、専門職や地域住民の支援の輪も大切です。

check

家族がつくった「認知症」早期発見のめやす

もの忘れがひどい	① 今切ったばかりなのに、電話の相手の名前を忘れる ② 同じことを何度も言う・問う・する ③ しまい忘れ置き忘れが増え、いつも探し物をしている ④ 財布・通帳・衣類などを盗まれたと人を疑う
判断・理解力が衰える	⑤ 料理・片付け・計算・運転などのミスが多くなった ⑥ 新しいことが覚えられない ⑦ 話のつじつまが合わない ⑧ テレビ番組の内容が理解できなくなった
時間・場所がわからない	⑨ 約束の日時や場所を間違えるようになった ⑩ 慣れた道でも迷うことがある
人柄が変わる	⑪ 些細なことで怒りっぽくなった ⑫ 周りへの気づかいがなくなり頑固になった ⑬ 自分の失敗を人のせいにする ⑭ 「このごろ様子がおかしい」と周囲から言われた
不安感が強い	⑮ ひとりになると怖がったり寂しがったりする ⑯ 外出時、持ち物を何度も確かめる ⑰ 「頭が変になった」と本人が訴える
意欲がなくなる	⑱ 下着を替えず、身だしなみを構わなくなった ⑲ 趣味や好きなテレビ番組に興味を示さなくなった ⑳ ふさぎ込んで何をするのも億劫りいやがる

「家族の会」は1980年結成。全国47都道府県に支部があり、1万1千人の会員が励ましあい、助けあって「認知症になっても安心して暮らせる社会」を目指しています。あなたも「家族の会」の仲間になりませんか？

(活動の**3**つの柱)

❶ つどい　＼交流する／

　認知症の本人や介護者同士が直接話しあい、気持ちの交流ができます。若年で発症した方、男性介護者、看取り終えた方などのつどいもあり、医療福祉の専門職も参加して一緒に話しあいます。

❷ 月刊・会報　＼知る・学ぶ／

　認知症の情報が詰まった本部と支部の会報を毎月届けます。認知症の本人や家族の声、介護保険の動向、医療・介護などの情報満載です。

❸ 電話相談　＼相談する／

　困ったり悩んだ時、誰かと話したい時、電話してください。自治体の「認知症コールセンター」にも協力しています。

　これら3つの活動の他、認知症になっても安心して暮らせるよう、施策の充実を求める活動や国際的な関係組織との交流、調査研究など、認知症への理解を広め、深める活動にも取り組んでいます。

公益社団法人　認知症の人と家族の会
〒602-8222　京都市上京区晴明町811-3　岡部ビル2F
TEL. 050-5358-6580　FAX. 075-205-5104
Eメール. office@alzheimer.or.jp

http://www.alzheimer.or.jp

●認知症の電話相談（通話無料）
📞 **0120-294-456** (10:00～15:00 土日祝を除く)

●携帯電話の場合は（通話有料）
050-5358-6578

公益社団法人 認知症の人と家族の会

本部 代表理事 鈴木森夫

〒602-8222 京都市上京区晴明町811-3 岡部ビル2F
TEL.050-5358-6580　FAX.075-205-5104
フリーダイヤル電話相談（10時〜15時土日祝を除く）0120-294-456（通話無料）
携帯・PHS 050-5358-6578（通話有料）

支部一覧（2020年7月現在）

●のマークがある支部は呼び出しです。☎のマークがある支部はホームページがあります。
各開室日は祝日を除きます。

支部名	代表者	郵便番号	住所	TEL	FAX
北海道	中田 妙子	060-0002	札幌市中央区北2条西7丁目かでる2.7 4F ☎ / 電話相談（月〜金10時〜15時）	011-204-6006	011-204-6006
青森	石戸 育子	031-0841	八戸市鮫町字居合1-3 ● / 電話相談（水・金13時〜15時）	0178-35-0930 / 0178-34-5320	0178-34-0651
岩手	内出 幸美	024-0072	北上市北鬼柳22-46 ● / 電話相談（月〜金9時〜17時）	0197-61-5070 / 0120-300-340	0197-61-0808
宮城	若生 栄子	980-0014	仙台市青葉区本町3-7-4　宮城県社会福祉会館2F　電話相談（月〜金9時〜16時） ☎	022-263-5091	022-263-5091
秋田	石村 照子	010-0921	秋田市大町1-2-40　秋田贔屓内（月10時30分〜14時）	018-866-0391	018-866-0391
山形	五十嵐元徳	990-0021	山形市小白川町2-3-31　山形県総合社会福祉センター内 / やまがた認知症コールセンター（月〜金12時〜16時）	023-687-0387	023-687-0397
福島	佐藤 和子	960-8141	福島市渡利字渡利町9-6	024-521-4664	024-521-4664
茨城	宮原 節子	300-1292	牛久市中央3-15-1　牛久市保健センター隣り ☎ / 電話相談（月〜金13時〜16時）	029-828-8089 / 029-828-8099	029-828-8089
栃木	金澤 林子	320-8508	宇都宮市若草1-10-6　とちぎ福祉プラザ3F（月・水・金） / 電話相談（月〜土13時30分〜16時）	028-666-5166 / 028-627-1122	028-666-5165
群馬	田部井康夫	371-0843	前橋市新前橋町13-12　群馬県社会福祉総合センター7F（月〜金9時〜17時） / 電話相談（月〜金10時〜15時）	027-289-2740	027-289-2741
埼玉	花俣ふみ代	330-0061	さいたま市浦和区常盤3-12-17　日建プリムローズ常盤第3-1F（電話相談 月〜金10時〜15時） / 若年専用電話相談（月〜金9時〜16時）	048-814-1210 / 048-814-1212	048-814-1211
千葉	合江みゆき	260-0026	千葉市中央区千葉港4-3　千葉県社会福祉センター3F（月・火・木13時〜16時） ☎ / 電話相談・ちば認知症相談コールセンター（月・火・木・土10時〜16時）	043-204-8228 / 043-238-7731	043-204-8256 / 043-238-7732
東京	大野 教子	160-0003	新宿区四谷本塩町4-41　住友生命四谷ビル（火・金10時〜15時） ☎ / 認知症てれほん相談（火・金10時〜15時）	03-5367-8853 / 03-5367-2339	03-5367-8853
神奈川	杉山 孝博	212-0016	川崎市幸区南幸町1-31　グレース川崎203号（月・水・金10時〜16時） ☎ / かながわ認知症コールセンター（月〜水10時〜20時、土10時〜16時） / よこはま認知症コールセンター（火・木・金10時〜16時）	044-522-6801 / 0570-0-78674 / 045-662-7833	044-522-6801
山梨	田村 一貴	400-0005	甲府市北新1-2-12　福祉プラザ3F　コールセンター（月・水） / 認知症コールセンター（月〜金13時〜17時）	055-244-2771 / 055-254-7711	055-244-2771 / -
長野	伝田 景光	388-8016	長野市篠ノ井有旅2337-1 ● / 電話相談（月〜金9時〜12時）	026-292-2243 / 026-293-0379	026-293-9946
新潟	金子裕美子	941-0006	糸魚川市竹ヶ花45　金子裕美子方	025-550-6640	025-550-6640
富山	堀井 隆子	930-0001	富山市明輪町1-242-601　勝田方（電話相談　夜間毎日20時〜23時） ☎	076-441-8998	076-441-8998
石川	飯田 芳枝	920-0813	金沢市御所町末10（木13時〜17時）	070-5146-1025	076-251-8045
福井	松原 六郎	910-0017	福井市文京2-9-1 嶺北認知症疾患医療センター / 電話相談	0776-28-2929 / 0776-22-5842	0776-63-6756
岐阜	小森 薫	502-0017	岐阜市長良雄総字法喜54	058-214-8690	058-296-7666
静岡	佐野三四子	416-0909	富士市松岡912-2 / 認知症コールセンター（月・木・土10時〜15時）	0545-63-3130 / 0545-64-9042	0545-62-9390
愛知	尾之内直美	477-0034	東海市養父町北堀畑58-1 ☎ / 認知症介護相談（月〜金10時〜16時）	0562-33-7048 / 0562-31-1911	0562-33-7102

都道府県	氏名	郵便番号	住所・相談内容	電話	電話
三 重	中川絵里子	514-0821	津市垂水2772-75	059-227-8787	059-227-8787
			三重県認知症コールセンター（月・火・木・金・土10時～18時）	059-235-4165	
滋 賀	小宮 俊昭	525-0072	草津市笠山7-8-138 滋賀県立長寿社会福祉センター内 ☎	077-567-4565	077-567-4565
			フリーダイヤル電話相談（月～金10時～15時）	0120-294-473	
京 都	荒牧 敦子	602-8222	京都市上京区晴明町811-3 岡部ビル2F	050-5358-6577	075-205-5104
			京都府認知症コールセンター（月～金10時～15時）	0120-294-677	
大 阪	西川 勝	543-0033	大阪市天王寺区堂ヶ芝1-2-2 冨士ハイツ103号室 電話相談（月・水・金11時～15時）☎	06-6626-4936	06-6626-4936
兵 庫	熊谷 光子	651-1106	神戸市北区しあわせの村1-10（月・木10時～17時）	078-741-7707	078-741-7707
			電話相談（月・金10時～16時）	078-360-8477	
奈 良	屋敷 芳子	631-0045	奈良市右京ヶ丘2-3-1（火・金10時～15時、土12時～15時）	0742-41-1026	0742-41-1026
和歌山	梅本 靖子	641-0042	和歌山市新堀東2-2-2 ほっと生活館しんぼり内（事務局・相談10時～15時）	073-432-7660	073-432-7661
			コールセンター家族の会（月～土10時～15時）	0120-783-007	
鳥 取	吉野 立	683-0811	米子市錦町2-235 電話相談（土・日10時～18時：携帯電話への転送対応）☎	0859-37-6611	0859-30-2980
			鳥取県認知症コールセンター・若年認知症サポートセンター（月～金10時～18時）		
島 根	黒松 基子	693-0001	出雲市今市町1213 出雲保健センター内（月～金10時～16時）☎	0853-25-0717	0853-31-8717
			島根県認知症コールセンター（月～金10時～16時）	0853-22-4105	
岡 山	安藤 光徳	700-0807	岡山市北区南方2-13-1 岡山県総合福祉・ボランティア・NPO会館 電話相談（月～金10時～15時）☎	086-232-6627	086-232-6628
			おかやま認知症コールセンター(月～金10時～16時)	086-801-4165	
広 島	村上 敬子	734-0007	広島市南区皆実町1-6-29 県健康福祉センター3F（事務所・相談 月・水10時～16時）☎	082-254-2740	082-256-5009
			広島市認知症コールセンター（月・水12時～16時）	082-254-3821	
			相談室 広島県健康福祉センター内（火13時～16時30分）	082-553-5353	
山 口	川井 元晴	753-0813	山口市吉敷中東1-1-2 電話相談（月～金10時～16時）	083-925-3731	083-925-3740
徳 島	大下 直樹	770-0943	徳島市中昭和町1-2 徳島県立総合福祉センター1F ☎	088-678-8020	088-678-8110
			徳島県認知症コールセンター（月～金10時～16時）	088-678-4707	088-678-4707
香 川	松本香代子	760-0036	高松市城東町1-1-46 ☎	087-823-3590	087-813-0832
愛 媛	森川 隆	790-0843	松山市道後町2-11-14 電話相談（月～金10時～16時）	089-923-3760	089-926-7825
高 知	佐藤 政子	780-0870	高知市本町4-1-37 高知県社会福祉センター内	088-821-2694	088-821-2694
			電話相談（コールセンター家族の会 月～金10時～16時）	088-821-2818	088-821-2818
福 岡	栁 竜一	810-0062	福岡市中央区荒戸3-3-39 福岡市市民福祉プラザ団体連絡室（火・木・金 10時30分～15時30分 第三火曜日を除く）	092-771-8595	092-771-8595
			福岡県認知症介護相談（水・土11時～16時）	092-574-0190	
			福岡県認知症介護相談（木・第2日13時～16時）	0120-851-641	
佐 賀	森 久美子	840-0801	佐賀市駅前中央1-9-45 大樹生命ビル4F 保険医協会内 ●	0952-30-8704	0952-30-8704
			佐賀県認知症コールセンター(月～金10時～16時)	0952-37-8545	0952-23-5218
長 崎	神原千代子	852-8104	長崎市茂里町3-24 長崎県総合福祉センター県棟4F（火・金10時～16時）	095-842-3590	095-842-3590
熊 本	本山さつき	860-0845	熊本市中央区上通町3-15 ステラ上通ビル3F（水曜日除く毎日9時～18時）☎	096-223-5164	096-223-5164
			電話相談（熊本県認知症コールセンター 水曜日除く毎日9時～18時）	096-355-1755	096-355-1755
大 分	中野 洋子	870-0161	大分市明野東3-4-1 大分県社会福祉介護研修センター内 （火～金10時～15時）☎	097-552-6897	097-552-6897
宮 崎	川辺 清人	880-0014	宮崎市鶴島2-9-6 みやざきNPOハウス203号室 電話相談（月～金9時～16時）	0985-22-3803	0985-41-4810
鹿児島	藤﨑えり子	890-8517	鹿児島市鴨池新町1-7 鹿児島県社会福祉センター2F	099-251-3928	099-251-3928
			電話相談（月～金10時～16時）	099-257-3887	
沖 縄	鈴木 伸章	904-2241	沖縄県うるま市兼箇段1327-1 仲里宏淳方 ●	098-989-0159（仲里）	098-989-0159

プロフィール●　　**公益社団法人 認知症の人と家族の会**

1980年結成。全国47都道府県に支部があり、1万1千人の会員が励ましあい、
助けあって「認知症になっても安心して暮らせる社会」を目指す。
〒602-8222　京都市上京区晴明町811-3　岡部ビル2F
TEL. 050-5358-6580　FAX. 075-205-5104
Eメール. office@alzheimer.or.jp
ホームページ. http://www.alzheimer.or.jp

認知症介護の悩み　引き出し52
「家族の会」の"つどい"は知恵の宝庫

2020年8月5日　初版発行

編　者●ⓒ公益社団法人認知症の人と家族の会
発行者●田島英二
発行所●株式会社 クリエイツかもがわ
　　　　〒601-8382 京都市南区吉祥院石原上川原町21
　　　　電話 075(661)5741　FAX 075(693)6605
　　　　http://www.creates-k.co.jp　info@creates-k.co.jp
　　　　郵便振替　00990-7-150584
装丁・デザイン●菅田　亮
編集●小国　文男
印刷所●モリモト印刷株式会社
ISBN978-4-86342-293-3 C0036　　　　　　　printed in japan

本書のコピー、スキャン、デジタル化等の無断複製は著作権法上での例外を除き禁じられて
います。本書を代行業者等の第三者に依頼してスキャンやデジタル化することは、たとえ個
人や家庭内での利用であっても著作権法上認められておりません。

全国認知症カフェガイドブック
認知症のイメージを変えるソーシャル・イノベーション　コスガ聡一／著

「認知症カフェ」がセカイを変える──個性派28カフェに迫る　全国の認知症カフェ200か所以上に足を運び、徹底取材でユニークに類型化。さまざまな広がりを見せる現在の認知症カフェの特徴を解析した初のガイドブック。武地一医師（藤田医科大学病院、「オレンジカフェ・コモンズ」創立者）との対談も必読！　　　　　　2000円

認知症カフェハンドブック
武地一／編著・監訳　京都認知症カフェ連絡会・NPO法人オレンジコモンズ／協力

イギリスのアルツハイマーカフェ、メモリーカフェに学び、日本で開設するための具体的な方法をわかりやすく紹介！　認知症になったからと家に引きこもったり、家族の認知症のことで一人悩んだりするのではなく、気軽にふらっと立ち寄って、認知症のことを話し合ってみたい。そんな思いをかなえる場所、それが認知症カフェ。　　　　　　1600円

認知症になってもひとりで暮らせる　みんなでつくる「地域包括ケア社会」
社会福祉法人協同福祉会／編

医療から介護へ、施設から在宅への流れが加速する中、これからは在宅（地域）で暮らしていく人が増えていくが、現実には、家族や事業者、ケアマネジャーは要介護者を在宅で最後まで支える確信がないだろう。人、お金、場所、地域、サービス、医療などさまざまな角度から、環境や条件整備への取り組みをひろげる協同福祉会「あすなら苑」（奈良）の実践。　　1200円

認知機能障害がある人の支援ハンドブック　当事者の自我を支える対応法
ジェーン・キャッシュ＆ ベアタ・テルシス／編著　訓覇法子／訳

認知症のみならず高次脳機能障害、自閉症スペクトラム、知的障害などは、自立した日常生活を困難にする認知機能障害を招き、注目、注意力、記憶、場所の見当識や言語障害の低下を起こす。生活行為や行動の意識、認知機能に焦点を当てたケアと技能を提供する。　2200円

認知症のパーソンセンタードケア　新しいケアの文化へ
トム・キットウッド／著　高橋誠一／訳

認知症の見方を徹底的に再検討し、「その人らしさ」を尊重するケア実践を理論的に明らかにし、世界の認知症ケアを変革！　認知症の人を全人的に見ることに基づき、質が高く可能な援助方法を示し、ケアの新しいビジョンを提示。　　　　　　　　　2600円

絵本 こどもに伝える認知症シリーズ
1 赤ちゃん キューちゃん　藤川幸之助／さく　宮本ジジ／え

子育てしていた若いころが一番楽しかったおばあちゃんは、セルロイド人形のキューちゃんといつも一緒です。孫の節っちゃんから見たおばあちゃんの世界や家族のかかわりとは、節っちゃんの思いや気づきとは…。
「Dr.クロちゃん（ネコ）と節っちゃんの認知症の解説」付き。　　　　　1800円

絵本 こどもに伝える認知症シリーズ
2 おじいちゃんの手帳　藤川幸之助／さく　よしだよしえい／え

かーすけ君は、このごろ「きみのおじいちゃんちょっとへんね」と言われます。なぜ手帳に名前を書いてるの？　なぜ何度も同じ話をするの？　でも、かーすけ君には今までと変わらないやさしいおじいちゃんです。「かーすけ君の取材メモ」付き。　　1800円

認知症を乗り越えて生きる　"断絶処方"と闘い、日常生活を取り戻そう
ケイト・スワファー／著　寺田真理子／訳

49歳で若年認知症と診断された私が、認知症のすべてを書いた本！
医療者や社会からの"断絶処方"でなく、診療後すぐのリハビリと積極的な障害支援で今まで通りの日常生活を送れるように！　不治の病とあきらめることなく闘い続け、前向きに生きることが、認知症の進行を遅らせ、知的能力、機能を維持できる！　　　　2200円

私の記憶が確かなうちに　「私は誰?」「私は私」から続く旅
クリスティーン・ブライデン／著　水野裕／監訳　中川経子／訳

46歳で若年認知症と診断された私が、どう人生を、生き抜いてきたか。22年たった今も発信し続けられる秘密が明らかに！　世界のトップランナーとして、認知症医療やケアを変革してきたクリスティーン。認知症に闘いを挑むこと、認知症とともに元気で、明るく、幸せに生き抜くことを語り続ける…。　　　　2000円

認知症の本人が語るということ　扉を開く人　クリスティーン・ブライデン
永田久美子／監修　NPO法人認知症当事者の会／編著

クリスティーンと認知症当事者を豊かに深く学べるガイドブック。認知症の常識を変え、多くの人に感銘を与えたクリスティーン。続く当事者発信と医療・ケアのチャレンジが始まった……。そして、彼女自身が語る今、そして未来へのメッセージ！　　　　2000円

私は私になっていく　認知症とダンスを〈改訂新版〉
クリスティーン・ブライデン／著　馬籠久美子・桧垣陽子／訳

ロングセラー『私は誰になっていくの?』を書いてから、クリスティーンは自分がなくなることへの恐怖と取り組み、自己を発見しようとする旅をしてきた。認知や感情がはがされていっても、彼女は本当の自分になっていく。　　　　2000円

私は誰になっていくの?　アルツハイマー病者から見た世界
クリスティーン・ボーデン／著　桧垣陽子／訳

認知症という絶望の淵から再び希望に向かって歩み出す感動の物語！
世界でも数少ない認知症の人が書いた感情的、身体的、精神的な旅―認知症の人から見た世界が具体的かつ鮮明にわかる。　　　　2000円

必携！認知症の人にやさしいマンションガイド　一般社団法人
多職種連携からみる高齢者の理解とコミュニケーション　日本意思決定支援推進機構／監修

「困りごと」事例から支援や対応のポイントがわかる。居住者の半数は60歳を超え、トラブルも増加しているマンション。認知症の人にもやさしいマンション環境をどう築いていくか。認知症問題の専門家とマンション管理の専門家から管理組合や住民のみなさんに知恵と情報を提供。　　　　1600円

実践！認知症の人にやさしい金融ガイド
多職種連携から高齢者への対応を学ぶ
一般社団法人日本意思決定支援推進機構／監修　成本迅・COLTEMプロジェクト／編著

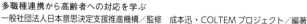

認知症高齢者の顧客対応を行う金融機関必携！　多くの金融機関が加盟する「21世紀金融行動原則」から、金融窓口での高齢者対応の困りごと事例の提供を受け、日々高齢者と向き合っている、医療、福祉・介護、法律の専門職が協働で検討を重ねたガイド書。　　1600円